時事通信社

新任教師の授業づくり 35のヒケツ

監修　河原田 友之（東京教育研究所）

はじめに

　教師なら誰もが「良い授業をしたい」と願い子供の前に立ちますが、日々悩み続けています。なかなか子供に響いていきません。同僚に聞くのもいいでしょう。学校内外の研究会に足を運び、学ぶのもいいでしょう。

　未完の子供たちを指導するには、教師自身が学び続けなければなりません。そうありたいと願って教師を続けてきたのです。

　教師の使命は、授業で子供を変えることです。でも、振り返ってみると、うまくいかなかった授業の方が圧倒的に多いものです。うまくいった授業は、子供たちが授業に食いつき、終了のチャイムが鳴ると同時にどっと疲れるぐらい充実したものになりました。教材研究と子供理解がぴったりはまった成果です。

　教師であり続けるためには「授業で勝負すること」が何より重要であり、教師には「授業を通して、子供を育てること」が求められます。

　誰にでも最初があります。この「授業づくり35のヒケツ」では、教師を続けている先輩たちのあるがままの実態を取り上げています。失敗の授業からは、失敗の原因が何かを考え、成功した授業からは、まねをしながら自分流の授業づくりをしてほしいと思います。これらが格好の教材になると信じています。

第１章では「教師は授業で勝負する！」として、指導技術の基礎編を示しました。若い先生にとって、「発問」は授業の善し悪しを決めます。授業の成否はこれによって決まるといっても過言ではありません。また、子供たちが学んだことがきちんと残り、さらに次の学習の指針になるのが「板書計画」です。これらを取り上げることで、授業の基本に迫りたいと考えています。

　第２章では「分かる授業をめざす羅針盤！」として、授業準備のあれこれを取り上げました。第３章では、授業は楽しく学びながら、しっかりと定着させるヒントを「ちょっとの工夫で授業が楽しく！」として示しました。私自身の歩みから、若い先生方が少しの時間でも目を通してほしいと考えた内容ばかりです。そして、希望を持って教師を続けてほしいと願っています。

　最後になりますが、執筆に協力してくれた仲間の教師たち、この出版を支えてくださった東京教育研究所の人々に感謝します。さらに、出版のために奔走してくださった時事通信出版局のみなさんに心からお礼申し上げます。

東京教育研究所　主任研究員
河原田　友之

わかば先生サポートBOOKS
新任教師の授業づくり35のヒケツ

もくじ

第1章 教師は授業で勝負する！
指導技術の基礎のキソ編

1. 板書は計画的に行ってる？ ……………………… 8
2. 発問を工夫するには？ …………………………… 12
3. 知っている・分かっている子供には？ ………… 16
4. 効果的な机間指導をするには？ ………………… 20
5. グループ学習を工夫するには？ ………………… 24
6. モジュール学習を活用してる？ ………………… 28
7. 宿題はなぜ必要？ ………………………………… 32
8. 子供の忘れ物をなくすには？ …………………… 36
9. 授業中に教室を抜け出す子供がいたら？ ……… 40
10. 授業を邪魔する子供にどう対応する？ ………… 44
11. 授業に無関心な子供をどう振り向かせる？ …… 48
12. 意欲の低い子を授業に引き込むには？ ………… 52

コラム：先生を替えないで!! ……………………… 56

第2章 分かる授業をめざす羅針盤！
授業準備編

13 教材研究はどこから始める？ …………………58
14 子供がわくわくする教材をつくるには？ …………62
15 授業の上手な組み立て方は？ …………………66
16 授業の始まりと終わりの挨拶はなぜ大事？ …………70
17 ノート指導はどうすればいい？ …………………74
18 表情豊かに授業をするには？ …………………78
19 自己評価や相互評価を入れた授業とは？ …………82
コラム：玉磨かざれば石のごとし …………………86

第3章 ちょっとの工夫で授業が楽しく！
授業づくり実践編

20 子供の実態をよく把握してる？ …………………88
21 導入で子供の意欲を喚起してる？ …………………92

22	どの子にも発表の機会を与えてる?	96
23	意図的な指名をするように工夫してる?	100
24	「分かりましたか?」を連発してない?	104
25	静けさだけを要求する授業をしてない?	108
26	ちょっとした「つぶやき」を感じ取るには?	112
27	明確で的確な指示を心掛けてる?	116
28	視点を多く持って授業をしてる?	120
29	授業中の突然の質問にどう答える?	124
30	子供の可能性を値踏みしてない?	128
31	子供が楽しく覚えられる工夫は?	132
32	学習のまとめはどうしてる?	136
33	授業後の疑問や質問に応じてる?	140
34	同僚の先生に授業を見てもらってる?	144
35	子供たちのガス抜きをしてる?	148

コラム:お楽しみ会 …………………………… 152

巻末:「授業づくり」に役立つチェックシート ………… 153

教師は授業で勝負する!

指導技術の基礎のキソ編

第1章

板書は計画的に行ってる？

板書は学びの結晶

□板書の計画をメモしよう。
□分かりやすく、見やすい板書を。
□誤字・脱字や筆順に注意しよう。

◆ 板書計画を立てる意義は？

　日々仕事に追われている中で、毎時間の教材研究をきっちりとこなすのは至難の業です。初任の頃は１時間ごとの略案を書いていたものですが、そこまでの時間はなかなか確保できないのが現状です。そうした中で、板書の計画を立ててノートにメモしておくことは、非常に有意義なことです。板書計画を紙に記すことで頭の中が整理され、授業のポイントがはっきりとしてくるからです。

　だからといって、板書計画だけを意識してしまってはいけません。かつて、楽をしようと、何も考えず板書計画のみを頼りに授業を行ったことがありますが、ひどいありさまでした。板書は一見すると整理されていますが、授業の中身は流れも何もあったものではなく、教師主導のつまらない授業をしてしまったという苦い経験があります。授業は流れが大事であって、単純に板書計画のとおりにやればよいというものではないのです。

◆ 板書計画は教材研究そのもの

　板書計画は教材研究をある程度行ってからでないと、かつての私のようにうわべだけの授業になりかねません。この単元でどのような力を付けるのか、そのためにどのような学習活動を行うのか、どのような発問をするのか……等々、略案という形に起こさずとも、頭の中で漠然とでも構想を練っておくことが大事です。それらを板書計画という形で表す

ことにより、頭の中が整理され、より授業の流れを意識した発問や学習活動の工夫が期待できます。このように構想を練ること、もっと言えば、「板書計画を立てること」が教材研究そのものなのです。そう考えると、多少肩の荷が下りることでしょう。

板書で具体的に気を付けるポイントは、次の３点です。

１つ目のポイントは、「分かりやすい板書を！」ということ。

学習は基本的に子供たちがさまざまな知識を理解し、技能を身に付けるために展開されるものです。分かりやすい授業をするためには、やはり「分かりやすい板書」でなくてはなりません。正しい文字・筆順はもちろん、文字の大きさや太さにも配慮します。特に文字の大きさについては、ノートに書く文字の大きさや学習する内容の量によって変化するため、学年に応じて変えていくとよいでしょう。

チョークの色や使い方にも工夫をするとより分かりやすくなります。色チョークはあまり多用せず、強調したい事柄のみに使うと効果的です。基本的に私は、白と黄色は見やすい色なので文字を書くのに使用し、赤や青は線や図などに使っています。自分なりに色の区別を決めておき（黄色は「授業のポイントとなる言葉」など）、子供たちにも事前に伝えておくとよいでしょう。

２つ目のポイントは、「見やすい板書を！」。

基本的に、１時間の授業では消し直す必要のない量が良い板書だと、かつての指導教官から教わりました。これは、１時間の学習量が黒板全面でちょうどよいということと、学習の始めから終わりまで板書として残っていれば、学習の振り返りも容易になるからです。

学習を振り返るためには、単元名、課題（学習問題）、子供の意見や反応、まとめなどをきちんと板書していく必要があります。大事な言葉はアンダーラインを引いたり、文字を大きく太くしたりするとよいでしょう。掲示物などを上手に活用して、視覚的にも学習の軌跡が分かるようにすると、より見やすい板書に近づくはずです。

最後のポイントは、「子供たちと創る板書を！」。

教師が一方的に説明し、子供たちはただひたすらノートに書くという

授業では、板書の持つ効果は半減してしまいます。黒板は、子供たちが課題を追求していくためのキャンバスです。子供たちの課題に対するさまざまな意見や考えを教師が黒板というキャンバスに描き、整理・比較や仲間分けなどをしていきます。その中で、子供たちの課題に対する追求をより深められれば、「良い板書」だけでなく「良い授業」にも一歩近づくことができるでしょう。

〈2年算数「分数」1時間目の板書〉

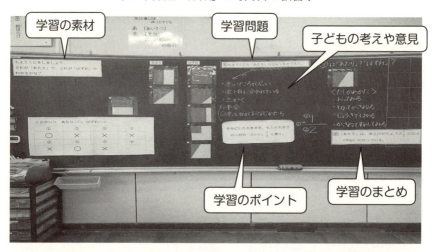

◆ 誤字・脱字や誤った筆順に注意

　教員生活の2年目、5年生の担任をしていた時のことです。放課後、漢字テストの採点を始めると、「遠足のジュンビ」の誤答が目立っていることに気が付きました。「備」の字の「用」に見える部分の上は「石」という漢字の「はらいぼう（ノ）」と同じと考えて、「がんだれ（厂）」のように左端をくっつけている字を誤答にしました。

　翌日、採点を終えたテストを子供たちに返却しました。黒板には「石」パターンの「備」を書き、指導を徹底しました。放課後、「あっ、そう言えば、先生！」と、1人の女の子が言ってきました。漢字ドリルでは、「備」の字の左端はくっついていると言うのです。ドリルを見てみると、そこには「（厂）」パターンの「備」が書かれていました。これは、「当

用漢字字体表」の字形と、教科書体の「学年別漢字配当表」の字形との違いによるものでしたが、ここで話題にしたいのは「板書の力」です。

　この時は、学級の約２割の子供が「備」を漢字ドリルで、８割の子供が板書の字で覚えていました。漢字の学習で使ったドリルよりも、授業の板書で見た字が圧倒的に子供の記憶に残ったのです。「板書の力」は大きいものです。誤字・脱字、さらには筆順までも、子供はそのまま覚えてしまいます。

◆ 板書をする「黒板」も大切

　教員２年目の頃、算数の研究授業を行いました。まだ経験も浅く、さまざまな反省がありましたが、研究会での講師の先生の第一声は次の言葉でした。「まずね、黒板が汚い。」授業内容を反省する前に、黒板の汚さを指摘されました。

　もちろん、授業前に黒板の字は消していました。しかし、クリーナーを掛けていない黒板消しでは、字は消えても消した跡が黒板に残ります。この状態は、使ったお皿や包丁・食材までゴチャゴチャしている調理場のようなもので、とても良い授業が生まれる環境にないのです。

　講師の先生は、「黒板は授業という作品を残すところ」と言われました。汚い黒板からは、良い作品は決して生まれません。そこで、「黒板を消す専属の係をつくるとよい。これは絶対にやるべき」という指導をいただきました。

発問を工夫するには？

授業を活性化する「血の通った発問」

□ 自分の授業を録画して見てみよう。
□ 「一問一答」の授業から抜け出そう。
□ 「問題を解く理由」を子供に与えよう。

◆ つい陥りがちな「一問一答」

　十分に教材研究をしたと思って授業に臨んでも、「一問一答」の授業になってしまうことがあります。教師になりたての頃の私は、教材研究をすればするほど「あれも教えたい、これも教えたい」ということが多くなってしまいました。

> ～『大造じいさんとがん』2の場面の授業～
> 教師：「大造じいさんが、沼地にやってくるがんの姿を待っていたのは、いつですか？」
> 子供A：「朝だと思います。」
> 教師：「どうして？」
> 子供B：「本文に『あかつき』と書いてあるからです。」
> 教師：「そのとおりですね。」
> 教師：「大造じいさんが、先頭に来るのは残雪に違いないと思ったのは、なぜですか？」
> 子供C：「残雪はがんの頭領で、がんの集団を引き連れてくるからです。」……

　このように、教師の考えで、ある方向へ押し流すような発問をしてしまうと、返ってくる答えは限られたものになってしまいます。その結果、教師の発問→子供の反応→次の発問→子供の反応……と、いわゆる「一

問一答」で授業が進んでいくことになります。

　私は授業をしている時、問い掛けに対して、全員が答えを考えているものだと思っていました。多くの子供たちは教科書やノートを見ていたのですが、よくよく見てみると、挙手できなかった子供の中には、教科書すら見ていない子供もいました。考えることを止めて、ただ答えを聞いているだけでした。

　授業は全員参加が原則ですが、実はそうなっていないことがあります。「一問一答」形式ばかりで授業を進めていては、活躍する子供が限られ、分からない子供は置いていかれてしまいます。自分の授業を録画してみて、「一問一答」の授業だけは避けたいと実感しました。

　自分の授業の様子を録画して見ると、子供の視点から客観的に授業を振り返ることができます。他の先生方から見ていただくことも十分に参考になりますが、自分で見てみて気が付く点も多いものです。自分の実践を見直す良い機会となるでしょう。

◆「一問一答」を抜け出す効果的な発問

　「一問一答」の授業から脱却するために、特に発問の面から考えてみましょう。まずはどのように「効果的な発問」をするか、3つのポイントがあります。

　<u>1つ目は、「大切なことをまとめ、できる限り短い発問を」</u>。

　勉強が苦手な子供も頑張れるように、具体的でできる限り短い発問とします。

　<u>2つ目は、「楽しく充実感を感じる発問を」</u>。

　子供たちにとって、生活に関係があり、身近に感じられる発問とします。「やってみたい！」「考えてみたい！」と子供が思うような発問を心掛けます。

　<u>3つ目は、「発問と次の発問の『間』を」</u>。

　子供たちにじっくりと考えてもらうために、教師の「待つ」姿勢を大切にします。

　発問に対する子供の反応を生かすことも大切です。「どうしてＡさん

は、そう答えたのかな？」「Bさんの考えに対して、みんなはどう思う？」「Cさんの答えに賛成の人、手を挙げて？」「Dさんの今の説明をもう一度、自分の言葉で説明してくれないかな？」「Eさんの考えがどういうことか、隣の人と話し合ってみよう」などと、子供の声を拾い、もう一度子供たちに問い返すように心掛けます。発言した子供との対話だけで終わる状況は避けたいものです。

先輩の先生に、「授業は、子供がつくっていくもの。そのつなぎ役をしていくのが教師の務め」と教わりました。子供自らが考えるのを待つことも大切ですが、教師が考えるように仕向けることも必要です。

◆「どうして勉強するの？」と聞かれたら

「どうして勉強ってしなければならないの？」子供がこのような問いを素朴な疑問として口にしたり、口にはせずとも態度に出したとしたら、それは、現在受けている授業に意味を感じていない証しと考えられます。極端な話ですが、「どうして遊園地に行かないとダメなの？」と言う子供はいないでしょうから。

さて、右の問題を考えてみましょう。この問題は、「良い問題」と言えるでしょうか。何の変哲もない立方体の体積を求める問題は、練習としては効果があるでしょうが、考える素材にはなり得ないように感じます。このような発問はしていないというなら、まずはひと安心です。では、実際にどのような発問をしているでしょうか。ただの立方体ではつまらないから「サイコロの体積はいくつ？」「このチョコレートの大きさはいくつ？」にしていますか？

問．右は，1辺が5cmの立方体である。
体積は何 cm^3 ですか。

子供の実態に合わせた素材を考えることは意義があり、否定するつもりはありません。ただ、血の通った発問を「ただの数字ではなく具体物にすることだ」と思うのは、誤解です。

◆ 発問の吟味をするヒント

上の発問における最大の問題は、子供側に「立方体の体積を求める理

由がない」ことです。それをサイコロにしてもチョコレートにしても、根本的な問題は解決していません。

　発問を吟味するときに考えるべきことは、「問題を解く理由を、どう与えようか」という観点です。特に算数においては、ほとんどそれに尽きると言えます。

　右は、「問題を解く理由」があるように工夫した問いです。この「どちらが得か」という問いは単純でありながら、解く理由を子供に効果的に与える方法で

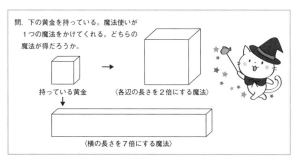

す。また、「各辺2倍」と「横が7倍」の立体では、7の方が数字的なインパクトが強く、見た目も横に長くて体積が大きくなりそうですが、実際は違うという驚きがあります。

　授業では、問いの答えを「予想させる」とよいでしょう。「どちらが得か」の問いを与え「予想させる」というコンビネーションは、算数の得意・不得意にかかわらず、全員が授業に参加できるようになり、それだけで授業が一気に活性化します。

　さらに、このような「基準に対していくつ分か」という問いは、基準に見立てたブロックを積んで答えにたどり着くことができ、自然と体積の求積公式へ向かう構造となっています。

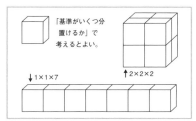

　まずは「解く理由」を与えるという観点を持つことが、発問を吟味する第一歩です。

知っている・分かっている子供には？

子供たち全員で未知の世界へ

□ まずは「知っている子」に発言を待ってもらおう。
□「知っている子」も「知らない子」も平等の状態にしてみよう。
□「知っている子」を問題解決の先駆者として活躍させよう。

◆ 推理小説での御法度

　推理小説を読んでいるときに困るのは、周りに「犯人を教えられること」です。胸を高鳴らせて読んでいる横から、「ああ、知ってるよ。探偵の部下がいるでしょう。実はそれが犯人なんだよ」と話されると、読み手はたまったものではありません。それまで指の震えを抑えながら読み進めていた興奮が、とたんに冷めてしまいます。

　これに近いものが、授業において「知っている・分かっている子供」の存在ではないでしょうか。4年生で初めて「面積」が登場する授業の冒頭で、以下のような2つの四角形の問題を、教師が提示したとします。

　やはり気になるのが「知っている・分かっている子供」の存在です。右の問題を出したら、瞬く間に「はい、Aです！縦×横で、Aの広さは $25cm^2$ になって……」と、説明してしまいます。それでも、結果として多くの子供の授業の目的は達成できるでしょう。ただ、同時に子供たちが失ったものがあります。

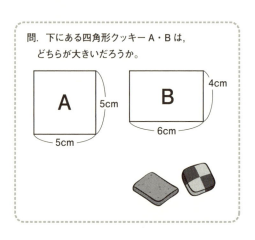

問．下にある四角形クッキーA・Bは、どちらが大きいだろうか。

◆ 子供たちが失ったものとは

　子供たちが失ったものとは何でしょうか。それは、冒頭に挙げた推理小説の例えと同じものです。子供たちが失ったもの、それは「興奮」であり「好奇心」です。少数のできる子により説明された問題を、いったい誰が「よし、解き方を考えよう」と意気込むでしょうか。「なんだ、そうやるのか」と思った子供は、考えることをやめてしまいます。後は気分よく解き方と答えをまくし立てる級友の話に、耳を傾けるだけです。

　これを防ぐには、どのようにしたらよいのでしょうか。最も手っ取り早いのは、これも推理小説と同様で、「犯人あばきを御法度にすること」です。「知っている人は、ちょっと待ってて」と、制限を設ければいいのです。これは単純ではありますが意外と効果的な方法で、教師と子供との関係がうまくいっていれば、十分な手段になります。

　しかし、どうでしょう。本心では、「でも、なんかイヤだなあ」と思ったのではないでしょうか。それは当然の心理です。何というか、美しくない方法だからです。そもそも、「答えに近づく正しい発言」をしようとしている子供に制限を設けるというのが、本末転倒で不健全な感じがします。やはり「知っている・分かっている子供」は、制限を設けて潰すよりも、存分に生かすことをめざしたいものです。

◆ 全員で問題解決へ向かうために

　そもそも、「知っている・分かっている子供」の何が問題なのでしょうか。それは、「自分たちだけが犯人を知っていること」です。だから、全員を平等の状態に、全員が犯人を知らない状態にすればいいのです。これが、「知っている子供」を生かす入り口です。

　実例を挙げると、冒頭の面積の問題を、以下のようにするのです。まず、教師は大きな輪ゴムを見せます。それを子供に向けて、これ見よがしに伸ばしたり縮めたりします。最後に目いっぱい広げて大きな四角を見せます。次に、毛糸のヒモを取り出して、今度は伸びないことを見せます。それを結んで輪にして、次の問題を出題するのです。

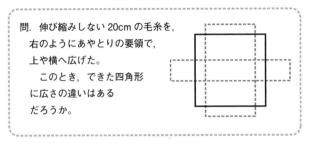

左の問いかけに対し、子供はまず間違いなく「変化しない」と答えます。確かにゴムは広がるが、伸び縮みしない毛糸ならば、広さは同じだろう……と考えるのです。

　実際、かつて私が学級で出題したときは、全員が「変化しない」と答えました。しかし、実際は下の図の通り、広さは変化するのです。授業はその後、最初は直感で答えた「知っている子供」が、1辺ごとの長さに目を向け始め「あれ、待てよ……」となりました。そこから1cm^{2}大のマス模型を複数配り、班ごとに検証するという進行をしました。

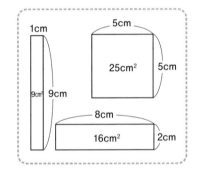

　これを読むと、「なんだ、結局は知っている子供が謎を解くから変わらないではないか」と思ったかもしれません。確かに結果はそうですが、その過程は大きく違います。

　冒頭の問題を出した場合、「知っている子供」と「知らない子供」は、別種の存在になってしまいます。しかし、上の導入ならば、両者は同志になれます。未知の問題に立ち向かうパートナーになれるからです。

　「知っている・分かっている子供」を生かすヒントは、教師が全員を平等に未知の世界へ誘うことです。立場が平等になったとき、「好奇心」も平等になります。その後は「知っている子供」は、問題を解決へ導く先駆者として活躍するでしょう。

第1章　教師は授業で勝負する！

指導技術の基礎のキソ編

効果的な机間指導をするには？

じっくり考えさせるか、個々に指導を行うか

□机間巡視では、子供の実態把握に努めよう。
□机間指導では、子供の個々の状況に応じて指導しよう。
□事前に計画を立て、ねらいを持って回ろう。

◆「見て回る」のか「指導する」のか？

「机間指導」は、今はこのような呼び方をされていますが、以前は「机間巡視」として指導案に書かれていました。

いつのことだったか、「先生は見て回っているだけで、指導しないのですか？　それは変でしょう！『巡視』ではなくて『指導』でしょう」と言われ、今では「机間指導」が当たり前のように使われています。「巡視」から「指導」への変わり目の時には、「机間巡視」と書かれていると、鬼の首を取ったかのように「『机間巡視』でなく『机間指導』ですよね。先生は見ているだけで、指導しないのですか？」と言っていた指導主事が多かったものです。

最近、公開研究会での指導案で久しぶりに「机間巡視」の言葉を目にしました。授業を参観して、意味があってこの言葉を使ったことはすぐに分かりました。そして、改めて「机間巡視」なのか「机間指導」なのか、それとも他の言葉は何かないのか考えるところです。

◆ 机間巡視のねらいは？

机間巡視のねらいを考えると、それは子供の自力解決をめざして、子供が考えている間に、次のような子供の実態を把握することだと言えます。

- 課題に対して、子供が意欲的に取り組んでいるか。
- 課題に対して、子供が自分なりの考えを書いて解決しているか。
- 課題に対して、どんな考えを書いているか。

そして、この情報に基づいて教師は「発表する子供を決め、その順番を考える」「課題に対してできていないようであれば、もう一度全体に指導する」など、次にどのように授業を進めるか計画を立てます。

子供たちにじっくりと考える時間を保障し、教師は授業計画に集中するために、あえて「指導」はせずに「巡視」しているのです。

◆ 机間指導のねらいは？

それでは、机間指導のねらいはどうなるでしょう。

- 学力の低い子に対して個別の指導を行う。
- 個々の考えを見て回り、書けた子に○をつける。さらに、他の意見を考えるように促す。
- 発表する子を決め、用紙を渡して書き方を指導する。

以上のようなことが、机間指導のねらいだと言えるでしょう。

◆ 教師の動く軌跡を描いてみると……

最近、サッカーのテレビ中継で、ある選手の動いた軌跡を線で表現しているものを見ました。その軌跡から、その選手が主にどの辺りでプレーしているのかが分かり、プレーの特徴をつかむことができます。

授業を参観するときに、同じように教師の動く軌跡を図に描いてみることがあります。そうすると、サッカー選手と同じように先生の特徴が浮かび上がってきます。学力の低い子、心配な子を中心に回る先生。発表してもらいたい子を中心に回る先生。「できました」と手を挙げた子のところを回るため、あっちこっちに動く先生など。中には、「この子

が苦手なのかな」と思うほど、ある子供のところを素通りする先生もいます。

　その授業のねらいを考えて、どのように回るのか事前に計画を立てていると、手を挙げる子供の「はい、はい、先生、できました」の声に惑わされずに、有効に回れると考えます。その点、机間巡視の場合は、子供の実態把握だけに目的を絞って回るので、計画的に漏れなく回れるでしょう。併せて、回る時間もきっちり計画通りになるように進めたいものです。

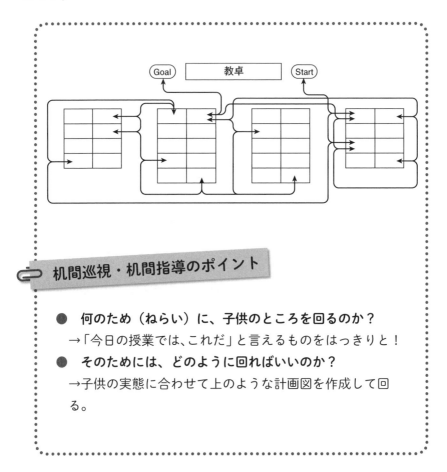

机間巡視・机間指導のポイント

- **何のため（ねらい）に、子供のところを回るのか？**
  →「今日の授業では、これだ」と言えるものをはっきりと！
- **そのためには、どのように回ればいいのか？**
  →子供の実態に合わせて上のような計画図を作成して回る。

第1章　教師は授業で勝負する！

指導技術の基礎のキソ編

グループ学習を工夫するには？

学びを定着させる効果的な学習

☐ グループ学習の目的をはっきりさせよう。
☐ 目的に応じたグループの形を考えよう。
☐ 沈黙が生まれてしまうときは、課題を工夫してみよう。

◆ グループ学習の効果

　小集団によるグループ学習は学習効果を高めると言われて久しいものの、現状は、グループ学習がうまく機能していないとの声も聞こえます。その理由は、教卓から離れずに一斉指導することが、子供たちの管理に便利だからかもしれません。あるいは、教師の思いのままに学習を展開できるからかもしれません。これでは、子供たちに受け身の学習を強いることになり、学習意欲を半減させてしまいます。

　「聞いたことは忘れ、見たことは覚え、したことは分かる」。ある本の中でこう書かれていました。また、次のような数値が示してあるものも目にしました。

　「話し合い」「体験」「学び合い」を取り入れたグループ学習は、学習効果を高め、知識や技能の定着率を上げる一つの効果的手段になると考えられ

聞いたことを覚えている…………10%
見たことを覚えている……………15%
話し合ったことを覚えている……40%
体験したことを覚えている………80%
教え合ったことを覚えている……90%

ます。「生きる力」、端的に言えば「課題発見・問題解決能力」と「社会性」の育成のためにも、小集団によるグループ学習はきわめて有効なのです。

◆ グループ学習の目的を明確に

　とはいえ、ただグループ学習をするだけでは知識の定着は難しいで

しょう。私自身、初任の時の苦い経験を思い出します。子供たちが生き生きと学習することを願ってグループ学習を取り入れ、実際に楽しそうに、積極的に話をする姿に安心していました。しかし、話し合いの仕方やまとめの仕方までは指導しなかったのです。その結果、子供たちはその時間に何を学んだのかが分からず、ただ「面白かった」と言うだけでした。グループ学習は目的を明確にすることが大事だと思い知らされました。

特に重要なのは、身に付けさせたい力や課題を明確にすることです。それが明確になると、どんなグループ学習が適していて、どんな方法にするべきかが決まってきます。そして、話し合いの仕方などのノウハウをきちんと指導すること。そうすると、子供たちは「なぜグループ学習をするのか」が分かり、学習のねらいの実現につながります。

◆ **グループ学習の形態と方法**

グループ学習のタイプを私なりにまとめると、次のようになります。

	形態と方法	特　徴	主な活用場面
グループの形態	ミニ先生	子供同士の学び合い 目的別人数編成	算数
	ペア学習	相談しやすい	全教科
	ミニ集団	4〜6人編成 役割が明確	全教科
話し合いの方法	ブレインストーミング	アイディアを出し合う	授業の導入時
	KJ法	アイディアを出し合う 似た意見をまとめる	保健，学級活動
	ディベート	肯定と否定の立場 （2つの立場）	国語，社会 総合的な学習の時間 道徳
	ロールプレーイング	役割演技	国語，道徳，学級活動

国語の授業でのディベートなら、物語の学習で行うのも面白いでしょう。例えば『大造じいさんとがん』では、大造じいさんはがんを撃ったのかどうか、議論が白熱しました。

話し合いが堂々巡りになっているときは、教師から別の視点を示すことも必要になるでしょう。ロールプレーイングを取り入れ、クラス全員

が役割演技をすることで、学習意欲が高まることもあります。

また、グループ編成は目的によっても異なります。例えば、習熟度の高い子供が、低い子供に教えながら集団としての習熟度を高めようとするなら、習熟度の異なる子供が混ざったグループ編成となります。グループの人数も目的によって変化します。英会話の学習であれば2人で1グループになることもあるでしょうし、理科の実験の学習では、操作する者、値を読み取る者、記録する者など、3～4人で1グループに、音楽の合唱の学習ではパートごとに、8～10人が1グループとなるでしょう。

◆ 話し合いを活性化させるには？

1人ではできず、小集団になって初めてできること、それは会話です。「小集団をどう生かすか」は、「どのように話し合いを活性化させるか」と言い換えることができます。ところが、子供が期待通りに話し合いをしてくれないことがよくあります。

例えば、右の課題の解き方を考えてノートに書かせ、それを元に話し合いを促します。子供たちのノートは解き方が書かれているか、白紙かのどちらかです。これでは一方的に話すか聞くかにとどまり、話し合いは活性化しません。「全員が白紙」ということもあります。

頭を抱えているグループに「ほら、もっと話し合って！」と言っても、子供にとっては「無茶を言うなよ」です。そもそも上の問題は、「全員が話し合える問い」にはなっていないのです。

◆ 小集団の生み出す効果

それでは、上の問題を次のように変えるとどうでしょう。

立体が増え、困難になったようにも思えますが、「どちらが得か」としたことには大きな

効果があります。先ほどは沈黙した子供も、「9cmは短い。円柱が得だろう」、「いや、円柱は角がない分だけ損だ。直方体がいい」と、苦手なりに参加することができます。

また、直方体は体積を求めやすく、答えが分からない子供も「直方体なら分かるんだけど……」と発言できます。さらに、解き方が分かった子供と次のような会話が期待できます。

> あっ、直方体なら分かるんだ。なら、どうやって直方体の体積を出したの？

> 9×9×10＝810cm³でしょ

> そう。9×9で81で、1cm³を81個分1段目に置ける。それが10段分で×10じゃん

> うん、それは分かってるよ

> ああ、なるほど！で、高さが10cmだから、10段分で……

> だから、円柱でもそうなると思わない？半径が5cmだから、5×5×3.14で、面積は78.5cm²。つまり、1cm³を78.5個分、1段目に置けるんだよ

こうして円柱の体積の求め方へつながった要因は、何をおいても会話です。これが小集団をつくった効果です。

◆ 小集団は工夫次第で活性化する！

例えば、分数のたし算でも小集団を生かすことができます。

「正しいかどうか」という発問も、意見を発しやすい形です。単純に分母と分子同士を足した子供でも「ぼくは正しいと思う」と、話し合いに参加できます。

全員が「自分の課題」として問題にあたり、意見交換ができるからです。

「もっと話し合って！」と投げかける前に、学習課題をひと工夫してみると、ときには子供の意外なひらめきで解決に至るかもしれません。それこそが、小集団を生かすということです。

小集団でのグループ学習は、毎時間必要なものではありません。まずはできそうなことから取り組んでください。先輩教師にも相談しながら、新しいグループ学習を育ててみてはどうでしょう。

6 モジュール学習を活用してる？

スキマ時間で子供のやる気を引き出す

□計算練習や漢字練習でモジュール学習を取り入れてみよう。
□一人ひとりの子供の学習のペースを大事にしよう。
□ドリルを効果的に使って、学習の流れをつくろう。

◆「掃除のモップを活用しろ」と言われたら？

　「活用」という言葉ほど、授業研究会や講演会で論じられている言葉はありません。「授業の中で、既習事項を活用する場面が見られなかったですね」とか、「今後は活用する力を、どう高めていくかが課題です」とか、あらゆるところで「活用」について話されています。その傾向は、私が初任者の頃からずっと変わらず、「うちのクラスの子は、基礎はいいけど活用ができなくて……」と、ベテランの先生方がぼやいているのを何度となく目撃もしてきました。

　そんなある日、とある講演会へ出かけました。算数の授業に関する内容で、ここでも「活用」がテーマでした。勉強にはなるだろうが、またこれまで聞いたような体験の話が出てくるのかな、と高をくくっていました。ところが、講演者の話はこれまでと違って説得力があり、やや早口で情熱的に語るその内容に、すっかり引き込まれました。

　講師の先生は、そこで聴衆に向かって次のような質問をされました。「ですからね、子供たちに活用する力を付けたいのであれば、先生方が活用について理解しなければならない。しかし、それが分かっていない方が非常に多い。例えば、ほら、あそこに掃除のモップがあるでしょう。あれを活用してください。さあ、どうしますか？」

◆「活用」する意味とは？

　モジュール学習をどう活用するか考える前に、しっかりと「活用」に

ついて理解をしなければなりません。そうでないと、「ウチの学校では、モジュールを活用して漢字の書き取りをしています」などと、大なり小なりどの学校でも、いくらでも言うことができるからです。もちろん、漢字の書き取りが悪いわけではないのです。問題は、そこに「活用」という観点が入っているかどうかです。単に取り組んでいるだけでは、「活用」とは言えないからです。

　先の講演会で、講師の先生は次のように話を続けました。
「モップの活用はですね、柄を持って床を掃くなんてのは活用ではないんですよ。それは単に使用しているだけです。いいですか、活用というのはですね『その特徴を生かして、他の場面で利用すること』なんですよ。例えば、モップは柄が細長い。それを利用して、壁とタンスの間に落ちたものを引っかき出すとかです。ほら、学校で高い枝に引っかかったボールを竹ぼうきでつついて落とした、なんてありませんか。あれが活用なんです。もののたとえですからね、本来の使い方と違うマナー面のことは勘弁してください。

　つまり、算数で活用する力を付けさせたいなら、子供が持っている既習事項をどうすれば他の場面で使えるかを考えて、授業者が仕掛けなければいけません。コンパスなどは円を描く道具ですが、『中心から等間隔の距離で線を引ける』という特徴を活用すれば、二等辺三角形を描くのにも使えます。これをね、先生が『では、コンパスを使って二等辺三角形を描きましょう』なんてやってたら、活用する力は付きませんよ。それは子供側に、なんとしても発見させなければならない。たとえ、時間がかかってもです。そうしないと、自分の知識を利用して問題を解決しよう、という活用力が付くわけないじゃないですか。そうやってじっくりと育てられた子供ならば、三角形の面積を問われても『長方形の面積の求め方を利用できないか……』など、しっかり活用する姿勢が身に付いているわけです」。

◆ **モジュール学習の特徴**

　長い前置きでしたが「モジュール学習をどう活用するか？」も同様で

す。それぞれの特徴をよく整理して、理解をしなければいけないのです。そうでないと、単に取り組んでいるだけで、活用しているとはとうてい言えないものになるからです。

　そこで、モジュール学習やよく行われている計算や漢字の練習について、その特徴を少しまとめてみましょう。これが全てではないし、学校ごとの特徴もあるでしょう。算数の授業のように、自分で特徴を発見してモジュールを活用した方が、はるかに良いものになることは間違いありません。

> **モジュール学習の特徴**　　　　○はプラス面、●はマイナス面
> ○短時間にコンパクトな時間設定ができる。
> ○毎日決まった時間に設定できる。
> ●早朝に行う場合、まだ子供の頭が働き出していない可能性がある。
> ●休み時間後の場合、その影響を受けやすい（「休み時間は楽しかった」「また勉強をするのか」など子供の意欲が低くなる場合がある）。
> ●行事や集会などの影響を受けやすく、時間がないと実施しないこともある。
>
> ---
>
> **計算練習の特徴**
> ○授業の予習、今までの復習など、プリントを準備すれば個に応じた指導をしやすい。
> ●「解き方が分からないから、できなかった」ということがある。
>
> **漢字練習の特徴**
> ○プリントや漢字ドリルなど教材が多く、取り組みやすい。
> ○計算と違い「分からないからできない」ということはなく、練習には誰でも取り組める。
> ●単調になりやすい。

　モジュール学習の活用方法が少しつかめたでしょうか？
　例えば、朝のスキマ時間に教師が子供たちにこう呼びかけてみます。「みんなで、きのうの算数の復習の計算ドリルをやってみよう。終わった人から漢字ドリルに取り組んでみて。これから７分経っても、計算ドリルができなかった人には、集まってもらいます。もう一度解き方を教えるからね」と。

◆ やる気を引き出せ！

　でも、漢字練習の学習で悩みの種となるのは、子供たちの意欲が長続きしないことです。そんなときには、市販のドリルだけではなく、「教師の手作りテスト」の活用をおすすめします。

　子供の学習意欲を引き出すコツは、

❶　ゴールを明確に示すこと（例えば、100点のみ合格）。

❷　合格するまで粘り強く励ますこと（正答が１問以上増えたら褒めちぎるなど）。

❸　合格したら、クラスの前や保護者の前で紹介し、自信につなげる。

などが挙げられます。ただし、❶の場合、100点を取れるようになるまで再テストをしていくので、なかなか満点を取れない子供が途中でやる気をなくしたりしないように、個別の支援や配慮が必要です。

　また、計算練習の学習では、市販のドリルを繰り返し使って、学習の定着を図る方法もよく行われています。その場合、ドリルの問題全部を何度も繰り返すのではなくて、次のような学習の流れをつくって取り組んでみても子供のやる気が出てきます。

❶　そのページの問題を自分の力で解く。

❷　自分で採点し、できなかった問題をチェックする。
　（ドリルによっては、チェックボックスがあるものがある。）

❸　できなかった問題を繰り返し練習する。

　このような方法は大人にとっては当たり前のことですが、子供には学習の手順を示してあげることが大切です。自分の苦手な問題を浮き彫りにさせることで、弱点の克服につながるからです。このような学習のスタイルが身に付けば、中学校に入学してからも役に立つはずです。

　また、１回で満点が取れる子供には、少し難易度の高い新たな問題に挑戦できるように、別のプリントなどで補っていけばよいと思います。子供たちがドリルを上手に活用できるようになれば、教師が子供たちの学力を把握することも容易になるはずです。

宿題はなぜ必要？

「やらされている」では意味がない！

- □「自分の宿題」として取り組ませよう。
- □宿題を出す目的を伝えよう。
- □宿題をした子供の頑張りを認めよう。

◆「自分の宿題」になっているか？

「発明王」として知られるエジソンの言葉で、「天才は1％のひらめきと、99％の汗」というものが有名です。実はこの名言には以下のような続きがあります。

> Genius is often a talented person who has simply done all of his homework.
> （天才とは、単に自分の宿題をすべてやり遂げる才能を持った人のことである。）

宿題において最も重要なことは、「自分の宿題」になっているかということです。

例えば、漢字の宿題をどのように課しているでしょうか。「10回ずつ書いてこよう」などと数で提示する方法はよく見られますが、これは最悪ではないかと思われます。

理由は単純で、数で規定した時点で「自分の宿題」になっていないからです。10回書いても覚えられなかった子供は、11回目を書く必要があります。逆に、既に書ける子供にとっては、10回書くという行為は無益です。一律に10回などとするのは無意味で、100回書きたい子供がいたら書かせ、書けると言うなら、究極的には取り組んでこなくても認めるべきです。

◆ 宿題はテストとセットで！

　こんなことを言うと、「それはだめだ。子供はできると言い張り、宿題をやらなくなってしまう」という声が聞こえてきそうです。もちろんその通りです。

　だからこそ、宿題はテストとセットで課すべきです。例えば、「漢字ドリル10番」をテストとし、その対策として宿題を出します。そうすれば子供には取り組む動機があり、できが悪かったら大義名分を持って指導することもできます。

　ここで大切なのは、間違えた問題のやり直しを強制しないことです。「間違えた漢字を10回ずつ書いて提出」としても、子供は「漢字を身に付けよう」と思っておらず、頭の中は「1、2、3……」と書いた数のカウントでいっぱいで、効果は期待できません。

　ならばと、「ドリル10番」を再テストにすることも避けるべきです。というのは、子供には次に「ドリル11番」が控えているからです。10番の再テストに受かった頃、11番のテストになり、練習をしてないから当然不合格、また再テスト……。これが続いて、宿題にも勉強にも嫌気がさしてしまいます。

　私は、10番が不合格の子供には、休み時間に11番のテストの練習をさせています。子供は、11番に合格すれば再テストのループから抜け出せ、休み時間を楽しく過ごせます。一見、できない漢字を放置しているようですが、永久的な漢字練習に陥るよりは健全な方法です。

◆ 学力は丸つけの時に上がる

　宿題の丸つけは、子供自身に行わせています。「2×3＝7、6×8＝42……」と間違った答えを書いて「終わった！」というのでは、宿題をする前と何も変わっていません。自身で丸つけをして、「2×3＝6か！」と気付く瞬間、子供の学力は上がるのです。これを子供に行わせないのはもったいないことです。それに、教師が丸つけをすると、子供は正答数ばかりを見て、肝心の内容を気にしないことが多いのです。

　私は、こういったことを4月の最初に、1時間の授業時数をかけて説

明し、最初の家庭訪問でも目的を説明し、意義を理解してもらっています。

　さらに「自分の宿題」にさせるには、絶対にテストを予告することです。常にテストの予定を知らせるようにしておくと、「漢字は苦手だから早めにやっておこう」とか「それより算数の面積が心配だからやろう」と、「自分の宿題」として取り組むようになります。

　ある日、計算ドリルの同じページを２回やってきた子供がいました。理由を聞くと、「いやー、先生。全然できなくて、これはまずいと思って２回やってきました」。彼の爽やかな表情が印象的でした。

◆ 宿題についての考えを伝える

　宿題は、ただ出すだけでは意味がありません。何のための宿題か、教師自らの考えをしっかりと持つ必要があります。子供たちにとっても「ただやらされているだけ」にならないよう、宿題を出す目的を伝えたいものです。

　保護者に宿題について意見を出してもらったことがあります。「宿題が多いと文句を言いながらやっている」「家では宿題以外、全く勉強しないので、たくさん宿題を出してほしい」「塾で帰宅が遅くなることがあり、大変そうだ」「学校でどんな勉強をしているのか知ることができる」「仕事の都合上、ほとんど見てやれていない」など、多くの意見をいただきました。

　家庭にはそれぞれ事情があり、考えも異なります。ただ、何のためにあるのか曖昧なまま、当たり前のように存在する宿題ではいけません。教師が宿題についてどう考え、どう取り組ませていきたいのかを、子供たちだけでなく保護者にも説明しなければならないと感じました。私は毎回、保護者懇談会で説明するようにしています。

　私の場合、次の２つの思いから宿題を出しています。

❶　家庭でも時間を決めて学習に取り組むことで、学習習慣を身に付けてほしい。

❷　学校で学習している内容を保護者に知ってほしい。

また、他の教師に話を聞くととても参考になります。考え方だけでなく、宿題の出し方、内容などいろいろな方法があることが分かります。

◆「終わらなかったら宿題」？

　小学生の頃の嫌な思い出として残っていることがあります。「終わらなかったら宿題にします」。算数の練習問題や国語の作文……。時間内に終わればいいのですが、苦手だから苦労して、しかも終わりません。その苦しみが家に帰っても続くと考えると、とても憂鬱でした。
　私はこの経験から、「終わらなかったら宿題」にはしないようにしています。終わらなくても、別に取り組む時間を確保するように心掛けています。特別に配慮が必要な場合以外、宿題は全員同じ課題が望ましいのではないでしょうか。

◆宿題を出して終わりにしない

　初任の頃、「宿題を出すのなら、先生がしっかりと見てやらなければならない」と先輩の先生に教わりました。当たり前と思うかもしれませんが、なかなか難しいものです。私自身、宿題はただ点検して終わり、ということが多くありました。
　子供たちはそのことに気付いていました。「先生、ちゃんと宿題見ている？」「ただ丸つけしているだけでしょ？」。しっかりと見ていたつもりでも、子供たちはそう思っていませんでした。宿題を出すからには、子供たちの頑張りを認めてあげる必要があると感じました。その反省から、ひと言コメントを入れたり、間違いを指摘したりと、より丁寧に見るように心掛けています。
　また、教師にとっても負担にならないように宿題の内容を考えています。
　ここまで書いてきましたが、私自身は、本当に必要なのか悩みながら宿題を出しています。

子供の忘れ物をなくすには？

忘れ物は「自らの学びを捨てること」

□忘れ物をしたときの指導、しないようにする指導を工夫しよう。
□連絡帳などの記入の仕方も丁寧に教えよう。
□保護者にも協力を仰ごう。

◆ 忘れてもリカバリー

　多くの先生方は、どうしたら子供の「忘れ物」を失くすことができるか悩みます。教科書、ノート、体操着、図工の用意等々、新学期が始まって１ヵ月も過ぎると、子供たちは学校生活にも慣れて「忘れ物」が多くなってきます。

　４月の保護者会の席上、保護者の間からも「うちの子、忘れ物が多くて……」、そんな会話がよく聞こえてきます。困っているのは教師とて同じです。

　３年生を受け持った５月のこと。休み時間の終わりに近づいたとき、Ａ君が「先生、缶切りと針金をください」と言ってきました。「どうしたの？」と聞きますが、彼は「えへへ」と笑うばかり。３時間目からは図工の時間です。もう読者のみなさんもお分かりかもしれませんが、Ａ君は水彩筆を洗う水入れを忘れたのです。

　休み時間に、彼は学校中を回って、ジュースの缶、コーヒー缶をたくさん拾ってきました。これを３つ合わせて水入れをつくりました。忘れてきた彼は、何とか自分の力でつくってしまったのです。私が、彼のそばで「すごい！」というと、うれしそうに笑っていたのを思い出します。この話は私の学級通信でも取り上げて話題になりました。

◆ 忘れ物＝学校における「永遠の課題」

　学校においては、この「忘れ物をしない」ことは、「廊下を走らない」

ことと合わせて、教師が子供たちに守ってほしいと願う永遠の課題のようです。廊下歩行については、先生が注意すると、「先生だって走ってるじゃない」と、必ず子供は言いますし、言葉に出さなくても多くの子供が心の中で思っているのです。どこの学校でも必ず生徒指導上の問題として話題に上ります。「廊下は静かに歩きましょう」「走らない」などの標語が1年間で何回か「月目標」として取り上げられるというのが実情です。

　では、「忘れ物」についてはどうでしょうか。名札を忘れてきた子供の中には、朝、正門で待っている先生たちの前を通るときに、下を向いて、さりげなく手で隠しながら歩いてくる子もいます（今は、不審者対応の観点から、名札を学校で保管したり、取り止めたりしている学校もあります）。体操着を忘れると、体育が好きな子供は、「大好きな体育ができない」と隣のクラスの友達から借りてでもやりたがります。水泳の用意を忘れた子供は、「家に電話していいですか？」などと言うこともありますが、水泳をやりたくない子供にとってはいい口実になったりもします。

◆ 子供が忘れ物をしたときの対応

　先生方は、子供が忘れ物をしたときにどう対応しているのでしょうか。
- S先生はどなりつけました。
- O先生は何も言いませんでした。
- M先生は、体操着を忘れた子供が4人もいたので、「体育中止」といって別の授業を行いました。
- T先生は、忘れ物が続いているため、学級活動として話し合いをさせました。
- K先生は、ノートを忘れた子供に「家に帰ったらノートに写しなさい」といって紙を渡しました。
- Y先生は、教科ごとにノートを4・5冊ずつ買って用意しておき、忘れた子に使わせて、新しいものを返却させました。

このように、教師によっていろいろな対応がありますが、これらは忘

れ物に対する「後追い指導」です。でも、後追い指導から身に付くことがあるでしょうか。確かに「忘れ物」をしたらその場で指導することは必要です。しかし、子供の心に響く指導になっているでしょうか。「なぜ、忘れ物はよくないか」に迫らなければ、ダメなのです。

　しかし、それでもなくならないのが忘れ物です。そのたびに、子供たちが「あ〜あ、しまった。失敗した」という後悔と反省の気持ちを持つことが大事なのです。少しずつでいいのです。忘れ物は誰にだってあるのですから。

◆忘れ物をなくすための指導とは？

　こうした「忘れ物をしたことに対する指導」とともに大事なのが、「忘れ物をしないようにする指導」です。先生たちは、忘れ物をしないためにどんな指導をすべきでしょうか。

> ❶　毎日の学習を楽しいものにすること
> 　楽しい学習は、子供の学びの意識を高めます。明日また「こんなことをする」と意識化されると忘れ物は減っていくものです。「分かる」「できる」授業は学習意欲を高める最大要因です。意欲は学びのエネルギーとなり、さらに「もっと、学びたい」という姿勢につながっていきます。子供の心に学びの炎をつけておくことが、「忘れ物ゼロ」に近づくための秘訣です。教師は分かる授業を目指して努力を怠ってはいけないのです。
>
> ❷　連絡帳などの記録の取り方を丁寧に教えること
> 　小学校では帰りの会、中学校では帰りの学活で、明日の予定をきちんと伝え、メモすることをどこでも教えます。忙しさの中で、確認も取らずに「さあ、メモしなさい」や、口頭で「忘れ

ないように」と伝えても、遊ぶことに夢中の子供にとっては、単にメモしただけであり、聞いただけになってしまいます。これは、教師としての弱さでもあります。忘れ物をしたことで怒って、子供の人格を傷つけることのないように、伝え方は慎重で、しかも丁寧であることを忘れてはなりません。たくさん動き回る子供たちです。聞いても覚えられないことは起こりうるものだと想定しておくことです。

❸ 学年だよりや学級通信で保護者へも発信しておくこと

当たり前のことですが、学校で、学級で、今何が行われているかを保護者に分かってもらうことは大事なことです。子供の様子を保護者に知らせることで、安心感を与え、信頼関係を築くことにつながります。そうすれば、保護者は、教師を支える大きな応援団になっていきます。そのような保護者は、忘れ物をなくす大きな力になってくれるでしょう。

私は担任として子供たちに問い続けてきました。「忘れ物は、学ぶことを捨てることだ」と。忘れ物をしたことで、子供たちは後悔します。忘れ物によって、せっかく始まる楽しい学習のスタートが遅れて、教師も焦ります。

こうして、大切な学びの時間が無駄になってしまうのです。教師にとっても、子供たちにとっても、忘れ物を解決することは大きな課題の一つであることを忘れてはなりません。

授業中に教室を抜け出す子供がいたら？

学校全体で考える子供への支援

□一人で抱え込まず、学校全体で対応しよう。
□専門機関への相談も考えよう。
□子供の実態に合わせた支援を話し合おう。

◆ 教室を抜け出す子供にどう対応？

　授業中に教室を抜け出したり、授業が始まっても、なかなか教室へ戻ってこなかったりする子供を見かけることが多くなりました。このようなときに、担任はどう対応しているでしょうか。

○その子を追いかけると、
・学級の他の子供の安全が
・授業が遅れないかと
・学力が下がると保護者から言われるのではないかと
→不安
○その子を追いかけないと、
・その子が大きなけがをしないかと
・その子が見つからなかったらと
・その子が学校の外に出てしまうのではないかと
→不安

　このように考えると、教室から抜け出した子供を追いかけても、追いかけなくても、担任はたくさんの不安を抱えることになります。それだけに、困ってしまいます。

◆ **学校でできる支援**

　こんなときはどうすればよいのでしょうか。
　まずは、担任一人で抱え込まないこと。校内委員会（特別支援推進委員会など）の開催を要望し、問題行動に対する学校全体としての方向性を持ち、子供に対する支援を検討する必要があります。また、専門の機関の方に巡回相談などで子供を見てもらい、指導を仰ぐことも大切です。
　今までにもらったアドバイスの例をいくつか挙げてみましょう。
　１つ目は、「ルールをつくる」ことです。
　「教室を出たくてどうしても我慢できなくなったら、先生にカードをもらってから教室を出る」などのルールづくりをします。このことで、本人にとっても担任にとっても、不安の解消につながります。このカードは、「先生の許可をもらっています。落ち着いたら教室に戻ります」という内容や、「図書室に行きます」など行き場所が書いてあるものが考えられます。子供と共にできる小さなルールをつくり、それを一つ一つ達成させることが大事です。

> 　２年生のＩとＴは、いつもじっと席に座って居られません。先生が黒板を向いて子供の考えを板書していると、さっといなくなります。そんな２人をいつも追いかけ回していますから、担任が授業に集中できません。他の子供たちも同じです。相談をして、空き時間のある教師や教務、教頭、校長も時間の許す限り教室に入りました。これ以外でも、養護教諭や音楽専科など全ての教師の援助を受けて１学期を乗り越えました。それでも担任は疲れてしまいます。
> 　また、自分に力がないと落ち込みました。そこで、専門家を入れて決めたことが、このカードをつくって、本人の思いを伝えるというルールをつくるということです。何回も失敗を繰り返しながら、このカードの効果が少しずつ出てきました。カードを使って、自分の思いを担任に伝えることが生まれてきました。

2つ目は、「授業の中で体を動かす場を設定する」ことです。
　落ち着きのない子供にとって、長い時間じっとしていることは、教師が思っている以上につらいことです。だから、意図的に体を動かす場を設定してあげます。例えば、「教卓の周りに集めて説明する」「ノートを持って来させる」「同じ意見の人同士、集まって相談する」など、席を離れてもいいような場をつくるのです。

> 　4年生のクラスにも問題を抱える子供が3人います。45分間じっと机に座って学ぶことは誰にとっても容易なことではありません。そこで、机の配置を工夫して、教卓の前2畳ほどの中にテーブルを置きました。机を離れてこの場所に来て、自分を落ち着かせながら学ぶ場所にしたのです。机を外せば転がることもできます。
> 　この場所の設置にあたっては、保護者懇談会の折に保護者の了解を得ながら、校長からもきちんと説明をしてもらってつくりました。外に飛び出すのではなく、この場所に来ることで、担任とも関係性が深まる効果がありました。

◆ 職員全員で子供に合わせた対応を

　子供一人ひとりの実態、また、その日の状況によっても、その子に対する支援は変わってきます。支援の仕方や、ケースバイケースでの対応などを校内委員会で話し合い、全職員の理解の下で対応していくことが何よりも大切です。
　「先生、ぼくね、体が動いちゃうんだ。みんなといっしょに、ちゃんと座っていたいんだけどなあ」と言われたことがあります。多動傾向にあり、授業中に席を離れてしまい、叱られることが多かった子でした。
　そのとき私は、「一番困っているのは、その子自身である」ということに気付きました。教師である私たちは、このことを真剣に考えなくてはいけません。

第1章　教師は授業で勝負する！

　教師は、席に45分間座って学ぶことは当たり前のように考えています。でも、子供にとって、それは当たり前ではないのです。授業中に飛び出したくなる子供がいたら、その子も学びを通してみんなと同じように過ごせるよう、職員みんなで工夫して支援していくことが大切です。

指導技術の基礎のキソ編

10 授業を邪魔する子供にどう対応する？

注意を心に響かせる

□授業中のルールを決めよう。
□授業を邪魔する子供の気持ちを見極めよう。
□子供に合わせた叱り方をしよう。

◆ どの学校・学級にもいる「授業を邪魔する子」

　目的意識が持てず、学校・学級に足を運ぶものの協調できずに「授業を邪魔する子供」がいます。そんな子供にはどう向きあったらいいのでしょうか？　そんな子供に「会ったことはない」という教師はいません。教師にとっては頭が痛い問題です。

> **事例❶**　A先生はこの４月、他校から異動してきました。前任校では教務主任で担任はなし、久しぶりの４年生の担任で学年主任です。34人の子供たちがいます。始まって２週間が過ぎ、３時間目に総合学習の授業で、学校外に借りている畑に出かけました。すると、女子を中心としたグループが「面白くない。つまらない」と別の場所へ移って遊び始めました。これにつられて他の子供たちも離れてしまいました。
>
> 　担任がなんと言っても聞きません。叱ったり、なだめたり指導しました。このときはこれだけで済みましたが、これを機に子供たちは、普段の授業でも「面白くない」「先生が気に入らない」と、どの授業も成立しなくなりました。

> **事例❷** B先生は2年生の担任になりました。20年以上低学年を中心に指導されているベテラン教師です。ここには、Sという授業をいつも抜け出す子供がいます。先生が話すと大声を張り上げます。隣や後ろの子へちょっかいを出して授業を邪魔します。叱ったり、褒めたりしながら戦いの毎日が始まりました。B先生は先生方に助けを求めました。必ず誰かしらSのそばに先生が付くようにしましたが、クラスの雰囲気が悪くなってしまいました。

◆ 周囲を巻き込み授業が成立しなくなることも

　この事例❶も事例❷も、1人や2人の少ない人数から始まったことがだんだんと友達を巻き込み、授業が成立しなくなりました。まさしく類は友を呼び、朱に交われば赤くなるのです（ちなみに、事例❶の4年生は、10月からの半年間、教師2人が学級に入って指導しました。事例❷のB先生は2ヵ月を経ずして休職し、担任が替わりました）。

　こうした状況は決して他人ごとではありません。あなたの周りでも起こり得ることです。ベテランの教師でも起こります。ましてや、若い教師が増えている昨今、こうした状況になったときどのように対応すればよいでしょうか。

有効な3つの対応策

❶ 授業規律は絶対に必要

　学力を伸ばす上で欠かせないことが、「授業規律」を育てることです。授業中のルールとして、学級ではルールをつくります。「あいさつをする」「返事をする」「他人が話しているときは話をしない」などです。規律がない学級では、子供は決して成長しません。

❷　子供の気持ちを見極める

　注意されたことを素直に受け止めることができない子供が多くいます。例えば、以下のような状況がないか、その注意を受ける子供の気持ちを見極めることが必要です。

> ○見通しが持てず、やる気がない
> ○教師が元々嫌い
> ○常に反抗的な態度を取る
> ○いつも甘えてばかりいる
> ○勉強がたまらなく嫌いで、遊びにしか興味を示さない
> ○勉強ができないことを周囲にからかわれる
> ○問題の意味がつかめない
> ○解き方が分からない
> ○「どうせできない」とあきらめている
> ○少しだけできるようになっても周囲に認められない、褒められない
> ○クラスの友達とうまく関わっていない
> ○家庭環境が複雑である
> ○学校という環境が嫌い

❸　子供に合わせた叱り方をする

　間違っても「大馬鹿野郎！」とか「このタコ！」などと、子供の人格を否定するような罵詈雑言を浴びせてはいけません。叱るときも愛情を持って、次のようなことに気を配ります。

> 叱り方の工夫❶→自分の言葉で説明させる。言い分をきちんと聞くこと。
> 叱り方の工夫❷→過去のことを持ち出すと、本人にも周囲の子の目にも、感情的に叱っているように見える。なぜ今自分が叱られているのかを理解させるために、現在の問題に限ってのみ話すこと。

> 叱り方の工夫❸→ユニークな叱り方をする。「おおもろ恥ずかしバツだな、こりゃ」。これは「おお！これはモロに恥ずかしい間違いをしてしまったね」の略だが、子供が笑いながらも「これは間違いなのだ」と気付くようなユニークな叱り方もときには効果的。

　大切なことは、その叱り方です。どんなに教師が子供のことを思って注意しても、子供の心に届かないこともあります。必要であれば5分でも10分でも、その子供と正面から向きあって個別に話をしましょう。機会を設けることが一番大切です。

◆ 教える50％、褒める30％、叱る20％

　しかしながら、子供を叱るよりは耳を傾ける方に力を注ぐと改善される例は多いようです。ぜひ傾聴スキルも身に付けてください。保護者の場合も同様です。まず相手の話を聞くことから始めてみましょう。

　そのためにも、基本は普段から子供と密接に関わり、適度な距離を保ちつつも良好な関係を築くことが大切です。そして、ささいなことだとしても、「スモールステップ」で、できたことを褒める。自信を持たせる。不安を払拭する。こうしてやる気を育てていきます。同時に、個に応じた課題を与えることも重要なことです。

　「可愛くば五つ教えて三つ褒め、二つ叱って良き人となせ」という二宮尊徳先生の教えと言われている言葉があります。授業を邪魔する子供には邪魔をしたくなる理由が必ずあります。いろいろと思い悩むこともあるかと思いますが、感情的にならずに余裕を持ちながら子供と接するようにしたいものです。

　叱るという行為は、ときとして体罰以上の「言葉による体罰」になることを肝に銘じることが必要です。

授業に無関心な子供をどう振り向かせる？

授業で勝負するしかない！

- □授業の組み立て方を工夫しよう。
- □子供と指示や発問の仕方のルールを決めよう。
- □教材・教具を効果的に使おう。

◆ 邪魔はしないけれども無関心

　前項では、「授業を邪魔する子供への対応」について取り上げました。こうした子供の対応に追われると、あこがれの教師になったばかりの人にとっては、現実を突き付けられた気がして、何よりも苦労に感じられるものです。しかし、目の前のことにきちんと対応できなくては、子供たちも保護者も認めてくれはしないのです。子供たちと関わる中で、逃げないで、しかも笑顔で向き合うことでしか解決しないことを知ってほしいと思います。

　一方で、教室には、授業の邪魔はしないけれども関心もないという子供もいます。私の教師経験を振り返ってみると、学級には覇気のない子供が必ず数人はいました。「何とかしよう」と、あの手この手で取り組みました。何年かの経験を経て、結論は一つだと考えました。それは、「授業で勝負すること」です。

◆ 子供の無関心＝教師の問題

　授業に無関心な子と聞くと、つい「子供に問題があるのでは？」と思ってしまいがちです。はたまた、「家庭では一体、どんな教育をしているのか？」と、親のせいにする人もいるかもしれません。

　しかし、本当にそうなのでしょうか。教師である自分自身に問題はないか、省みる必要があるのではないでしょうか。「子供が興味を持てるような、楽しい授業をしてきたのか」と。

子供にとって45分やそれ以上、つまらない授業を受け続けるというのは、苦痛でしかありません。これが続く限り、時間とともに、授業に無関心な子供が増えてくるでしょう。

◆ ある初任者の経験

ある先生の初任時の経験です。

> ……私が初任の時、どの教科でもそうだったのですが、ひたすら子供たちに発問ばかりして一問一答の授業をしていました。能力の高い子は、何度も挙手して的確に答えます。それがまたテンポよく答えるので、私はつい調子に乗って、次から次へと発問を繰り返していったのです。大満足で授業を締めくくっていました。

しかし、放課後、指導教官から、「今日の授業は一方的だったね」と、思いもよらぬひと言を言われ、一瞬言葉を失いました。

「どういうことですか？」と、恐る恐る聞くと、「確かに、流れ自体はスムーズでした。でも、今日の学習に参加していたのは、君の発問に答えていた3～4人でした。その他の子は、何を学べたと思う？」。

そこで私は初めて、自己満足の授業で終わってしまっていたことを知ったのです……。

◆ どの子も「学びの主体」になることが重要

現在、統計的には、学級には最低でも2人もしくは3人は、特別な支援を必要とする子供がいると言われています。また、授業に集中できずに別のことをやりだしたり、ぼんやりしたり、持続できずに投げ出したりする子もいます。学級はこうした子供を含めて、成り立っています。

まず、ここではっきりさせておきたいのは、さまざまな違いを持った子供の集まりは、歓迎すべきものであるということです。できる子はできない子を支え、お互いが高め合って成長しているのです。お互いが支

え合って、よさを分かち合うことが学級であり、学校なのですから。
　学級経営で最も大事なポイントは、授業で子供を変えること。どの子にも学びやすい環境をつくり、子供一人ひとりを学びの主体にすることです。では、どのようなことに配慮すると、どの子も学びの主体になるのでしょうか。ポイントを挙げてみます。

❶ 授業の組み立て方

　集中し続けることは、子供には難しいものがあります。そこで、15分程度を区切りとした活動をすることで、適度な緊張と弛緩を繰り返しながら授業を進めることができます。
　また、活動自体も一方的に教師の話を聞くだけでなく、実際に作業をしたり、グループで話し合ったりと、子供たちが主体となる活動を中心に組み立てていくと集中しやすくなります。子供の立場から、楽しい活動や面白い活動を意識して取り上げることです。
　動作化(登場人物の心情や動きを演じさせる)や、役割演技(ロールプレーイング)などはクラス全体で盛り上がるものになり、ゲーム的な要素を取り入れるのも、子供の心をつかむ効果があります。教師も一緒に楽しめると、子供との距離が近づき、さらなる効果を期待できます。

❷ 指示や発問の仕方

　「短く」「具体的に」「分かりやすく」が基本。ここで、人の話を聞くときのルールを決めていきます。
　　○話しているときは、必ずやっていることをやめる
　　○口を挟まない
　　○質問は最後にする　　など
　長々と指示を出したり、子供の作業中に指示をしたりするのはもってのほかです。

❸ 教材・教具を使う

　言葉で説明するだけでなく、時と場合に応じて、写真や絵など、視覚的な教材を用いることも、子供の興味を引き付けます。ＩＣＴの活用などもその一つ。

◆ 寄り添うことの大切さ

　こうした配慮をしても、指示が伝わらない、集中力が続かない子供には、個別に対応する必要があります。可能であれば、チーム・ティーチングでの支援も効果的です。学級を生き生きしたものにするためにも、いつでも学級の実態を外部に発信し、担任一人で抱えこまないようにします。なぜなら、閉鎖された空間では、教師と子供たちだけでなく、子供たち同士の人間関係も固定化し、教師の目が届かなくなってしまうからです。

　最後に繰り返しますが、プロである教師の条件の第一は、授業で子供を引き付ける力を持つことだと考えてください。そのために、一人ひとりの子供をよく捉え、一人ひとりに寄り添うことが重要です。

　そして、先輩や同僚の教師をはじめとして、仲間を大事にしながら毎日を生活することです。思いやりや優しさ、強さなど、教師に人間的な魅力がなくては、子供を引き付ける授業はできません。でも、そうした「人としての魅力」は、一生をかけて身に付け、磨いていくものです。

意欲の低い子を授業に引き込むには？

子供全員を同じ土俵に乗せよう！

□ 体を動かす活動を取り入れよう。
□ 授業の前半にできるだけ多くの子供に発言させよう。
□ ゲームやクイズで変化を付けよう。

◆ 手遊び、指遊びをする子供たち

　低学年の担任を何回か担当していると、ふとあることに気が付きます。それは、授業中の子供たちの手や指の動きです。鉛筆を転がしたり、爪を噛んだり……と、手や指が活発に動いている子供があなたのクラスにいないでしょうか。もし、こうした光景に少しでも身に覚えがあれば要注意！　それは、「先生、その話つまらないよ」という子供たちなりの無言のサインなのです。特に低学年はそれが顕著に表れます。
　前項で取り上げた「授業に無関心」というほどでなくても、授業がつまらないとついつい集中できずに子供の意識が他に向いてしまい、このような行動をとってしまうものです。

◆ 子供たちを引き付ける手立てやポイント

　では、子供たちを引き付けるには、どんな方法があるのでしょうか。以下に、思いつくものをいくつか挙げてみたので、参考にしてみてください。

１　指示や声掛けの工夫

（１）どの子供にもできる作業指示をする

　主に授業冒頭で、立ったり座ったり、手拍子をさせたり、ジェスチャーをさせたりするとよいです。手遊びをしてしまう子には、手を使うものや他の機能をフル活動させるような作業指示をして、授業に巻き込んでしまうのが効果的です。

（２）「全員起立。○○ができた人から座りなさい」

　一斉授業では大変効果的な指示になります。子供が集中する上に、教師側も子供たちの進度が目で見てよく分かるからです。また、体を動かすことで脳も活性化するので、眠気を覚ます効果も期待できます。ただ、中にはできていないのに座る子もいるので、その後指名して、ほんとにできているかどうか、確かめることも大切な支援です。

　座るのが遅い子は大抵まじめにやっている子が多いので、決して否定的な言葉を掛けず、気長に待ってほしいものです。どうしてもできなければ、そっと肩に触れて小声で「座っていいよ」と促し、後ほど個別に指導するといいと思います。

2 資料や教具の工夫

（１）授業に関する資料や具体物を見せる

　提示資料としては、写真より模型、模型より実物の方が、より真実を伝えるのは明白なことです。子供たちには、できるだけ生のもの、実物に多く触れさせたいものです。

　資料集にあるような写真にしても、見せ方一つで子供の反応は全く違います。わざと一部を隠したり、拡大したりして見せるだけで、子供たちの知的好奇心は呼び起こされるものです。このように、見せ方やタイミングにも留意して活用していくことが大事です。

3 活動内容の工夫
(1) 授業の前半にできるだけ多くの子供に発言させる

　カラオケで一度歌うとまた歌いたくなるのと同じで、授業でも一度発言すると授業への参加意欲が高まります。授業の始めは比較的簡単な問題で多くの子供（中でも授業への関心が低い子供）に発言させたいものです。

　そのとき、私もついやってしまいがちなのですが、子供の意見の復唱には気を付けましょう。多少ならともかく、やりすぎるとかえって逆効果になります。子供たちが「どうせ先生が言ってくれるから」と、友達

の発表を聞かなくなるからです。授業のテンポも悪くなります。復唱は、子供の発表が聞き取りにくいときや分かりにくいとき、方向づけたいときにとどめ、それ以外は教師は「なるほど」とうなずくのがよいと思います。

（2）子供を乗せるためには、やっぱりゲーム＆クイズ！

今の子供は、テレビ＆ゲーム世代です。興味・関心を高める手段としては、ゲームやクイズがとても有効です。知的な関心の向上は、その後で目指せばよいのです。まず大切なのは、全員を同じ土俵に上げることです。また、ゲームやクイズを取り入れることは、右脳を活性化させるという意味でも効果が期待できると言われています。

（3）ロールプレーイングは具象化のための有効な手法

ロールプレーイングの効果は多様です。道徳の授業などで多く見られるのが、当事者の役割を演技することで、心情を理解する手助けとなります。また、プレゼンテーションとしても具体的で、理解の助けにもなるものです。何より授業に活力が生まれ、遊び心が入る余地があるのが魅力です。道徳に限らず、積極的に他の教科にも取り入れていってはいかがでしょうか。

子供たちを引き付ける方法は、他にもまだまだたくさんあります。また、これらはパターン化してしまうとあまり効果を発揮しない場合もあるので、クラスの実態や子供たちの様子などを考慮しながら、自分なりの方法を見つけ、数多くの実践をし、上手に活用していってください。

コラム

先生を替えないで！！
～学級の雰囲気は担任で決まる？！～

　教員経験20年を超えたベテランの女性教員Ａ先生。3・4年生を担任することが多いのですが、学期が始まって数ヵ月過ぎると、決まって数名の子供や保護者が「先生が怖くて学校へ行きたくない。担任を替えてほしい」と騒ぎ出します。
　Ａ先生の教室をのぞいて見ると、問題が起きた際に、徹底して追及の手を緩めません。宿題一つを忘れただけでも大変です。でも、1年が終わる頃になると、この学級の子供たちは、学ぶことも規律も学校で一番となるのです。何人かの子供たちが、次の学年も「Ａ先生を替えないでください」と校長室まで嘆願にやって来ます。
　子供や保護者は、厳しさは子供の個性を伸ばさないと反発したりもしますが、学年末になると、確実に子供たちは成長しています。子供たちの学力は伸び、家庭学習も進んでやりだします。Ａ先生の魔法の言葉で、秋の図画作品は素晴らしい出来栄えになります。
　また、Ａ先生の子供たちのノートには、担任に似た美しい文字が残っています。当初、「担任を替えてほしい」と注文を付けた保護者は何も言わなくなり、先生を支える素敵な応援団となっています。
　教員経験10年目の男性教員Ｂ先生。穏やかで学年・学級の子供たちに信頼されています。これだけ見るとＢ先生は素晴らしい教員に見えます。でも、教師になって以来、毎年、問題になることがあります。
　彼が担任する教室はいつも汚れています。机もバラバラ。彼の持つ授業は、計画通りに終わったためしがありません。テストは採点もせず、子供に返していないこともあります。同僚が心配して話しますが、馬の耳に念仏です。同じ学年の教師が援助しながら、何とか毎日を送っています。
　学級は、楽しいだけではだめなのです。このＢ先生に欠けているのは、決めたことをきちんと守るという姿勢です。彼と組む学年の教師は丁寧に関わってきていますが、Ｂ先生自身はなかなか変わりません。
　そして、怖いのは、この学級の弱さが学年全体の弱さにもなりかねないことです。この弱さは、子供の成長にも関わり、教師自身の成長をも止めることになるのです。
　学級を預かるあなたの熱く、温かい思いに向き合って、子供は成長します。人と人との関わりの中で成長するのです。教師の生きざまは、子供の未来へつながっています。だからこそ、教師としての力量が問われます。そう信じて今日も教室へ向かっています。

分かる授業をめざす羅針盤！

授業準備編

第2章

13 教材研究はどこから始める？

まずは教科書を使いこなそう！

☐ 教えたいこと、学習活動の全体像を持とう。
☐ 同僚の先生にもアドバイスをもらおう。
☐ 教材研究したことはノートに書き留めよう。

◆ 出発は教科書から

　教材研究は、教材について知ることから始まります。その基本となるのが、教科書をしっかりと読み取ることです。国語であれば、本文を繰り返し読んでみたり、学習の手引きに沿って子供の立場に立って考えてみたりします。算数であれば、問題を実際に解いてみたり、考え方や吹き出しに着目してみたりします。ここで大切にしたいことは、「どう教えたいのか」「どういう学習活動にしたいのか」の全体像を持つことです。

　また、教科書に準拠した教師用の指導書には、１時間の展開例だけでなく、重視したい指導内容や特別な支援を必要とする子供への指導などが、丁寧に記されています。はじめは、目先の授業を考えることで精一杯かもしれませんが、教師自らがより理解を深めるために必要なことなので、指導書は時間をかけて読みたいものです。

　教科書は学習指導要領をもとに作られています。教科書を読むと同時に、各教科の学習指導要領やその解説書にも必ず目を通してみてください。難しいことばかり書かれていると思われがちですが、「用語」や「学年間の系統性」など、指導する際に知っておくべきことが記述されています。

◆ 教科書を教える？　教科書で教える？

　「教科書を教えるのではなくて、教科書で教えるものだ」とよく言われます。例えば、教科書の本文を子供に読ませて、それをノートに書き

第2章 分かる授業をめざす羅針盤！

写させるだけの授業をしたとしたら、それは「教科書を教える」ことになり、よい授業とは言えません。一方で、教材研究を含めて、教科書をきちんと活用できているか、授業のときにも教科書をきちんと使って教えているだろうかということも大事なポイントです。

例えば、5年生の社会科の指導で考えてみましょう。食糧生産の内容には、下のような米づくりの様子が載せられています。教科書の紙面には、文章、写真、図、年表などの情報が多く、子供は読み取るのに精いっぱいになってしまいます。そこで、次のような工夫をして授業に臨んでみました。

子供に分かりやすく教えるためには、教科書の「どこを、何のために、どのような方法で、どの順序で教えるのか」を、明確にしておくことが大切です。そのために事前の教材研究には、ある程度時間をかけたいものです。

授業準備編

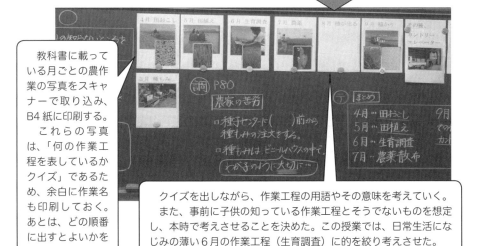

教科書に載っている月ごとの農作業の写真をスキャナーで取り込み、B4紙に印刷する。
　これらの写真は、「何の作業工程を表しているかクイズ」であるため、余白に作業名も印刷しておく。あとは、どの順番に出すとよいかを考えて、準備完了。

クイズを出しながら、作業工程の用語やその意味を考えていく。また、事前に子供の知っている作業工程とそうでないものを想定し、本時で考えさせることを決めた。この授業では、日常生活になじみの薄い6月の作業工程（生育調査）に的を絞り考えさせた。

いつでも、どこでも、誰でも、好きなだけ、いろいろな情報にアクセスできる時代です。だからこそ、私たち教師は「教えなければならないこと」を明確に持ち、日々の授業に臨みたいものです。

◆ 子供の顔を思い浮かべて

教材研究をすればするほど、「あれもこれも教えたい」と思うことが多くなります。でも、授業の主人公は、子供たちであることを念頭に置いておかなければなりません。受け持つ子供たちがどのような反応をするのかを考えることも、教材研究をする上で重要なポイントになります。

ところで、みなさんはどこで教材研究を行っているでしょうか。私は教室で行うことが多かったです。子供たちの座席を見渡しながら、活動の様子について、イメージを膨らませるようにしています。

> 「この教材を出せば、どういう反応をするだろうか？」
> 「この問題でＡさんはこういう考えをするだろう」
> 「誰が挙手してくれるだろうか？」
> 「Ｂさんがつまずきそうだ」
> 「板書はこうしよう」

できるだけ、子供の反応をイメージしやすい場所、環境で教材研究を行うようにしていきたいものです。

◆ 同僚のアドバイスをもらいながら

教科書をしっかりと読むことによって、ある程度授業のイメージが湧いてくるものです。でも、経験の少ない若手教師にとっては、教材をどう提示したらよいのか、どのように授業展開したらよいのかなど、不安に思うことがまだまだ多いと思います。そんな時は、同僚の先生に聞いてみると、具体的なイメージがつかめたり、ヒントがもらえて新たな考えが浮かんだりします。特に、先輩の先生からはうまくいった例や逆に

失敗した例など、たくさんのことを学ぶことができます。
　そして、同僚の先生からアドバイスをいただいたときに大切にしたいことは、「自分はこうしたい」と改めて考え直すことです。良いと感じた実践をそのまま取り入れても、うまくいくとは限りません。授業の主体は子供たちであり、受け持つ学級の実態に応じた方法を改めて考えていかなければならないのです。

◆ イメージを「形」に

　初任の時に、教材研究したことは頭の中で考えるだけでなく、必ずノートに書くようにしようと指導教官に教わりました。ノートを用意し、「教材」や「授業の目標」「学習課題」「まとめ」「授業の展開」「板書計画」を簡単に書くようにしています。「書く」ことによって、具体的にイメージしやすくなったり、授業後の反省に役立てやすくなったりするものです。忙しさのため、全ての授業について書いていくことはできませんが、できる限り書こうと心掛けています。

子供がわくわくする教材をつくるには？

子供の生活に根差した学びへ

□ 具体的で身近な素材を活用しよう。
□ 子供が「考えたい」「調べたい」と思う課題を与えよう。
□ 子供が持っている力で考えられる問題を設定しよう。

◆ 身近な素材を教材に活用

　教材に活用できる身近な素材とは、どんなものでしょうか。私は、「すぐ手に入るもの」や「実感が持ちやすいもの」「教科書の内容と自分の生活が結びついたもの」だと考えます。
　例えば、算数の授業なら、お菓子やジュースなどを活用して、実際の生活で起こり得る問題場面を設定することができるでしょう。社会科であれば貝塚や古墳など、教科書に書かれている歴史上の出来事と、自分の地域や生活との関連を示すものがよいでしょう。他教科においても、子供の生活に根差していて、実際に見たことがあるものを教材として活用することができます。具体的な物を示すことができれば、教科書に書かれていることがより身近になっていきます。

◆ わくわくさせる授業の工夫

　私が初任の頃は、教科書通りに授業をしていくことで精いっぱいで、「教科書を教えるのではなく、教科書で教える」と指導を受けることが多々ありました。その言葉を実感し、身近な素材を活用する大切さに気が付いたのは、同じ学年を続けて担任するようになってからです。
　3年間連続で6年生を担任した時、毎年同じ内容の授業をしながら、少しずつ工夫を加えていきました。社会科なら地域にある貝塚の話をしたり、土器の破片を見せたり、戦時中の地域の写真を示したりしたのです。具体的な物に触れたり、想像と違うことを聞いたりしたとき、子供

たちは目を輝かせます。3年目には、子供の日記に「先生が次にどんなネタを出してくれるのか楽しみで、いつもわくわくする」と書かれていました。

5年生の算数の「四角形と三角形の面積」の学習では、「台形や三角形などさまざまな形に割れてしまったチョコレートを6人の先生で分けるが、担任が一番大きいものを食べたいので、それぞれの面積を求めたい」という設定で学習を進めました。算数の授業が終わるたび、どれが一番大きいかが話題になっていました。身近な素材を扱ったことにより、子供たちが生き生きと学ぶ姿が見られたのです。

身近な素材を教材に活用するためには、以下のことを実践するとよいでしょう。

① 自分が勤務する地域のことをよく知ること。
② アンテナを高く張り、他の先生や地域の方からの情報を得ること。
③ 子供たちにとって、「身近な」より良い素材を考え続けること。

「授業は導入で決まる」と言われます。導入でうまく引き付け、興味を持たせることができれば、子供たちは意欲的に学習ができるでしょう。

◆ 自分の問題として考えさせる

身近な素材を活用することで、以下のような効果が考えられます。

❶ 興味、関心を持つことができる。
❷ 他人事ではなく、自分の課題として考えることができる。
❸ 学んだことが実生活の中でどのように活用されているのかが分かる。
❹ 楽しく学べ、勉強の楽しさを感じられる。

普段の授業で、子供たちが「考えたい！」「調べたい！」と思うような課題を与えているでしょうか。教科書だけでは、子供の実態や思いに即した課題を設定することは難しいでしょう。また、教師が与えた課題をただ進めているだけでは、どこか他人事となってしまい、子供たちの

深い学びとはなりません。子供たちが「考えたい！」と思い、自分の問題として考えられるような課題を提示していけるとよいでしょう。

また、学んだ内容が実際に生かされていると知ることは、子供たちの驚きとなります。例えば、てこの原理が使われている道具は身近にたくさんあり、子供にとっては意外なものもあります。「驚き」が生まれると学習に興味が湧き、主体的な学びへとつながっていきます。

◆ 子供が主体的に学ぶ学習問題のつくり方

学習問題のつくり方についても考えてみましょう。学習問題は、教師がその時間で何を理解させ、考えさせたいのかが表れるものです。学校により「学習課題」や「めあて」とも言われます。

教科書を見てみると、学習問題になるような文言が示されています。しかし、いきなり教科書を開いて問題に取り組むのではなく、学習問題を示すまでの流れが大切です。

まず必要なことは、子供の興味です。例えば、大仙古墳の大きさを学校の敷地と比較してみると、大きさが驚きとともに実感できるでしょう。土器や埴輪など、レプリカであっても用意できるものがあります。ここでも「身近な素材」を活用し、導入で引き付けることが、子供たちの主体的な学習には必要です。

また、意識したいのが「子供が本当に調べたい学習問題」になっているかということです。それは、「子供が疑問に思っている問題」でもあります。

例えば、6年生の社会科では、「元寇」について学習します。元軍は日本軍をはるかに上回る人数で攻めてきたこと、日本軍とは戦い方や使用する武器に違いがあったことから、「元ってすごいな」と気付かせます。その後、日本が元軍を引き上げさせたことを伝え、「なぜ幕府はそうできたのか」という問題を提示することで、子供たちの問題として学習を進めることができるのです。

問題を示すまでにどのような情報を子供たちに与えるのか、どのタイミングで問題を示すのかを教材研究の段階でしっかりと考えて、授業に

臨みたいものです。

◆ 子供が自力で考えられる問題を

　学習問題をつくるときには、子供が持っている力で考えられる問題かどうかを意識します。子供が持っている力とは、既習事項のことです。

　例えば、6年生の社会科で、藤原道長、平清盛、源頼朝、織田信長、徳川家康などの政策を見ていくと、外国との関わり方、朝廷の中での役割、幕府の仕組みなど、それぞれ類似点や相違点があります。これらの人物がどのように力を付けていったのかという学習問題では、初めのうちは根拠の乏しい場合が多いのですが、学習が進むと既習事項を基に、子供たちなりに予想を立てていくことができます。

　5年生の社会科でも、農業、水産業、工業などの産業を学習していくと、それぞれの産業が抱える共通の工夫や問題点が見えてきて、根拠を持って学習を進めることができます。

　教材研究をした後に、次のような視点で授業の流れを見直してみてはどうでしょうか。

学習問題をつくるときに意識したいこと

❶ 導入で子供たちが興味・関心を持つような工夫をすること
❷ 学習問題を示す前に、子供が疑問を持てるような発問や資料の提示をすること
❸ 子供が本当に調べたいことを学習問題にすること
❹ 子供の力で解決できる学習問題を設定すること

15 授業の上手な組み立て方は？

単元全体の見通しが大事

- □単元計画から週案をつくろう。
- □週案は先輩教師や上司にも見てもらおう。
- □授業の流れのパターンをつくろう。

◆ 学習は「続きもの」、まずは全体を見通して

　「子供たちが分かる・できる授業」を組み立てるために、教師がしなければならないこと、それはまず、子供たちの実態を把握し、そのうえで教材研究を行い、学習展開を考えていく……こうした流れが必要不可欠です。

　1時間ごとの授業を組み立てることは、言うまでもなく大事ですが、それだけが独り歩きしてはいけません。忘れてはならないのは、学習は「続きもの」であるということです。子供たちの興味・関心を喚起し、それを持続させるためにも、1時間ごとに内容が分断された授業ではなく、学びに連続性があり、数時間のまとまりがある指導計画を立てていく必要があります。これがいわゆる「単元」と呼ばれるものです。

　したがって、まず単元の指導計画を立てて、そのうえで1時間ごとの授業を構想するようにします。これが「単元の中の1単位時間」の意味するところです。

◆ 単元計画から1時間ごとの授業の組み立てを

　単元計画を立てるためには、まず「この単元を通して、子供たちにどのような力を付けるのか」をしっかりと押さえておくことが重要です。これがいわゆる「単元の目標」ということになります。その際に、参考となるのが「学習指導要領」やその解説書、教科書に準拠した教師用の指導書などです。

単元の指導計画をつくるときには、次に学習内容の順序を考えたり、配当する時間数を決めたりします。このとき、授業者の考え（指導観）を明確にすることが大事です。単元計画を綿密にしておくことで、１時間ごとの計画も立てやすくなります。最初は目先の１時間の授業を考えることで精いっぱいかもしれませんが、徐々に単元計画を考えるようにしていくとよいと思います。

　そして、単元指導計画を構想する際に活用したいのが、週案です。単元全体の中で、見通しを持って、１時間ごとの授業のイメージを明確にすることができます。

◆ 週案を活用しよう

　週案は１週間ごとの指導計画案と指導結果を記録したものです。週案は公簿ではありませんが、学校によっては校長が週案を見る場合もあります。校長の仕事の一つに教育課程の管理があります。校長が教育課程を的確に把握するには各教師の授業を見て回ればよいのですが、なかなか全部を見ることができないのが実情です。そのため、教師の提出する週案によって授業の概要を知ることになります。

　また、週案は教師個人にとっても、自分の授業の進捗状況を確認する上でとても大切です。授業の始めに「前の時間はどこまで勉強したかな？」などと、子供に確かめながら授業を始めるようでは、子供たちにとって大きな迷惑です。週案があるから授業は計画的に進めることができるのであって、授業はその時々の教師の恣意で行われるものではありません。

　子供たちを指導するためには、教師自身が見通しを持っていなければならないのです。この見通しこそが、「週案」に求められます。子供たちが準備するもの、保護者に協力してもらうことなどについて、計画的に週案を活用すれば、準備万端授業へ入っていけます。子供の忘れ物も減っていくことにつながります。教師のこうした計画は、学ぶ子供にも安心感を与えることになるのです。

　みなさんは忙しい日々を送っていることと思いますが、良い授業をす

るために週案は必要です。うまくいかなかった授業もどこで何が問題だったのかを振り返るためにこれが不可欠です。週案は、これから長い教師生活をする上で、大いに参考になる記録簿となります。

◆ 授業のパターン化

　最後に、授業の組み立て方のもう一つの工夫をご紹介しましょう。それは、ある程度、授業をパターン化することです。1時間の授業の流れをパターン化すると、教師も子供も授業の見通しが持ててやり易くなります。例えば、算数の授業では、初めに学習課題（学習問題）を明示し、それに対する自分の考えを書かせ、友達と意見や考えを比較・検討し、最後にその学習のまとめをする……というように、大まかな流れが決まっていると、板書もおのずと整理されてくるし、子供たちも活動しやすくなります。

　見通しの持てる授業は、教師や子供たちに時間的・精神的な余裕をもたらし、その余裕は授業にもプラスとなって表れるものです。教師の側からすれば、発問の仕方や子供たちの意見の吸い上げ方も違ってくるかもしれないし、子供たちの側からしたら、一人ひとりの考える余裕が生まれ、より深く学習が理解できるようになります。こうした日々の授業実践の中で、教師がいろいろな角度や方法を用いてアプローチしていくことは大事なことです。

週案を活用しよう！！

❶ 単元全体の中で1時間ごとの授業のイメージが明確になる

週案は子供たちの様子が予想でき、児童の理解にもつながる一つの手段です。先を見通した計画を立てることができます。

❷ 記録は自分を救うことや助けることになる

週案をもとに授業を進め、授業後の記録を取ることで、授業の結果が事実として残ります。特に、子供たちの安全に関わる理科の実験や、図工の指導、体育の指導では、記録を正確に残すことで、仮に問題が起きたときでも曖昧な記憶ではなく事実に基づいて指導を振り返ることができます。その結果、子供や教師の身を守ることにもつながります。

❸ 累積された記録は自らの授業を高める武器となる

累積された記録は、授業改善の大きな武器となるものです。「なぜ、うまく指導できなかったのか」「なぜ、この授業では子供たちが輝いたのか」など、指導を振り返ることができ、次の指導を考えるうえでのヒントになっていきます。

❹ 保護者との信頼関係を築く手段の一つになる

週案を保護者に配布することで、事前に持ち物を伝えられ、保護者もゆとりをもって準備ができます。また、学級の様子を知ることで、保護者が家庭で話題にすることができます。詳細な週案ではなく、1日の科目と持ち物が1週間を通して分かる簡単なものでよいのです。

授業準備編

16 授業の始まりと終わりの挨拶はなぜ大事？

充実した 45 分間をつくるスイッチ

□挨拶の目的を考えてみよう。
□チャイムと同時に挨拶をしよう。
□子供の手本となるよう、率先して時間を守ろう。

◆ 挨拶をするのは何のため？

　私が６年生の担任をしていた時のことです。いつも、「気を付け。これから○時間目の授業を始めます。礼。お願いします」という挨拶で授業を始めていました。低学年の頃は元気な声で挨拶できるのに、学年が上がるにつれて、子供は挨拶がしっかりとできなくなってくることがよくあります。

　「５年生の頃と比べて挨拶がいいかげんになったな」と感じたある日、授業の始まりの挨拶をしたすぐ後で、子供たちにこんな話をしました。

私「今の挨拶、ちょっと良くないな。気を付けもしてないし、礼もできていない。ねえ、どうして授業の始まりと終わりに挨拶をするのだろう」
子供「区切りをつけるためだと思います」
私「それって、何の区切りなのかな」
子供「休み時間の終わりです」
子供「そう、休み時間は終わって、授業が始まるっていう区切りだと思います」
私「そうか、区切りというならしっかりと挨拶をした方がいいよ。挨拶には、その人の人となりが出る。しっかりとした挨拶ができる人は第一印象もいいよ」

　この話の後、もう一度授業の始まりの挨拶をしました。子供たちは、

元気いっぱいというわけではなかったものの、姿勢を正して「お願いします」としっかりと挨拶することができました。

◆ 落ち着いた学級は挨拶から

挨拶ができる学級は、落ち着いた雰囲気で学習に取り組めていることが多いのです。だから私は、授業の始まりと終わりの挨拶は大切にしています。それは自分のスイッチを切り替えるためでもあります。休み時間は少しフレンドリーに、授業時間は先生色を強く、といった具合に、子供たちとの接し方を少し変えているのです。そうすることで、子供たちに授業での言葉遣いを意識させられるからです。

では、授業の始まりと終わりの挨拶とは何なのでしょう。例として挙げてみます。

- 一つ一つの活動へのけじめ
- 授業をしてくれた先生へのお礼
- 低学年にとっては、発声練習にもなる
- 礼節やマナーを学ぶこと

なぜ挨拶をするのか。その答えはたくさんあります。教師自身が挨拶に意義を持つことが、しっかりとした学級づくり、そして子供の成長につながっていきます。

◆ 良いスタートを切り、良い授業を

陸上競技の短距離走のスタートは、「位置について、よーい！」の声に心を集中させ、ピストルの音とともに出発します。良いスタートを切った時と遅れた時とでは、順位やタイムに大きな差が出ます。レース後の気持ちにも違いが出ます。

授業でも同じことが考えられます。その時間のねらいをしっかりと持ち、「この時間はこう進めよう」と心に決めていれば、良いスタートを切りたくなります。教師自身がわくわくする授業をしようとすれば、始まりのチャイムが待ち遠しくなります。

小学校の授業時間は45分です。子供たちとの楽しい授業をめざすなら、すべての時間を無駄なく使いたいものです。それにはスタートが重要なのです。

　始まりの時刻を守る工夫として、右のようなものは事前に準備をするとよいでしょう。限られた時間を有効に使い、「位置について、よーい！」でチャイムを待ちましょう。

○週報………行事・活動・出張の確認
○日報………連絡・指導事項の確認
○学年週報…学年活動・連絡指導事項
○週案………学習内容の見通し
○付箋………必要事項に優先順位を付ける

◆ 時間を守る手本を示すのは誰？

　「終わりだよ～」「さあ、行こう」。休み時間終了5分前の音楽が鳴ると、校庭で遊んでいる子供たちは、全力で走って一斉に昇降口へ集まってきます。ドッジボールの勝敗がついていなくても、縄跳びで新記録が出そうなときでも、すぐに遊びをやめて階段を急ぎ足で上っていきます。

　教師はどうでしょう。朝の職員打ち合わせが長引き、教室ではたくさんの連絡や指導事項をしっかり伝えようとするあまり、1時間目の開始時刻を過ぎてしまうことはありませんか。また、休み時間を利用して行事の打ち合わせをする際、チャイムを耳にしながらも話を優先することはないでしょうか。慌てて教室に戻り、子供たちに「ごめんなさい。ちょっと打ち合わせが終わらなかったから」と言うと、「教師が遅れることは特別だからよい」ということになってしまいます。このようなことが当たり前になっていないでしょうか。

◆ チャイムと同時にやめる勇気を

　校内授業研究会で、こんな光景を目にすることがあります。指導案では子供の実態やねらいが明確で、指導の流れも良く、大変分かりやすく思えます。実際の授業でも、子供を引き付ける第一声に始まり、指示も

的確です。子供も生き生きと意欲的に取り組んでいます。とても勉強になると感じていると、あと少し内容を残したところでチャイムが鳴ります。

　すると教師は、指導案どおり終わっていないことに焦り、次々と発問をし続けます。時間が経つにつれて子供の目からは輝きが消え、教科書を片付け始める子や外を眺める子、そわそわと落ち着かない子が増えていきます。子供たちの思考は、学習のことから休み時間のことへと急速に変化していきます。参観している教師たちも「まだ続けるつもりかしら……早く終わらないかな」と思いながらも我慢をし、やがて自分の学級の様子が心配になり、次々と教室から消えていきます。

　終了のチャイムが鳴ったら、どんなに盛り上がっていても授業は終了すべきです。子供の心のスイッチはチャイムと同時に切り替わると考えましょう。勇気を持ってやめることこそ、授業の鉄則といえます。

◆「時間を守る」宣言で良いスパイラルをつくる

　学校生活を送る上で必要なことは、「時間を守る」ことです。子供たちに指導する際、教師も「授業の始まりと終わりの時刻を守る」ことを宣言しましょう。宣言することで教師自身が努力し、子供も意識するようになります。

　子供は、チャイムと同時に授業を始める教師の姿を見て「先生、頑張ってる」と思います。チャイムと同時に終了する先生の言葉を聞いて「先生、きちんと時間を守ってる」と感じます。時には、守れないこともあるかもしれません。そのときは素直に「ごめんなさい」と謝ります。教師の頑張る姿を子供たちは誇りに思い、教師を信頼し手本とすることでしょう。

　また、45分間をしっかり使う授業を計画することで、充実し、楽しく分かる授業となっていきます。子供も集中し意欲的になり、授業全体がプラスのスパイラルとなります。「授業の始まりと終わりの時刻を守ること」は、授業改善の大きな条件です。

17 ノート指導はどうすればいい？

学習効果を上げるノート指導の方法

☐ ノートの価値を子供に理解させよう。
☐ 「ノートにはその教科のみ」を徹底させよう。
☐ ノートだけで、学習内容が分かるようにしよう。

◆ ノート指導はなぜ大事？

「ノート指導は大事ですか？」と教師に聞くと、ほぼ100％「ノート指導は大事」と答えます。初任の先生にもノート指導がなぜ大事なのか聞いたところ、次のような答えが返ってきました。

・学習の足跡が分かる
・子供自身が復習できる
・自分の考えをまとめる材料になる
・保護者を含めて、誰が見ても学習内容が分かる　など。

また、ノート指導では、教師の指導次第で子供の意識もかなり変わるものです。

校内の授業を見に各教室を回ると、子供のノート指導も見ることができます。

> 　６年生担当のＡ先生は、普段書いている字は大変きれいなのに、板書に書くときはどこに何と書かれているかが読みとれない。子供たちに、「きちんとノートを取りなさい」と言うけれど、担任の文字が何を書いてあるのか分からないので、ノートに書かない子供がいたり、適当に書いている子供がいたりとバラバラです。

> 　1年生のクラスをのぞくと、K先生は、「さあ、学習問題を一緒に書きますよ。ノートを広げたら、下敷きを入れて、左のページの上から、さあ準備はいいかな」と言いながら、全員の動きを確かめながら、先生が一文を言いながら、一緒に板書すると同時に子供たちはノートに書いていきます。こう続けていくと、きれいにノートができていくのです。見事な指導だと感心しました。

　ノート指導は、共同作業ではありません。個人のものです。個人のものであるとは個人の学びの深まりを示すものです。どれだけ書いても見返すことがなければ意味がありません。それでも、ノート指導は共同作業としてスタートするのです。そこから、子供たちは自分なりのノートに変えていくものです。

　ノート指導は教師そのものです。1年生の担任の先生が黒板にきれいな文字を書くことで、子供たちは同じようにきれいな文字を書いていきます。ノート指導は教師としての出発点です。

◆ ノート指導の第一歩

　ノート指導をするには、まず「ノートの価値」を子供に理解させることから始まります。思いの外、子供はノートの価値を分かっていないことが多いのです。教室で次のようなクイズを出すと、それがよく分かるでしょう。

> Q. 忘れ物はよくないことで、しないに越したことはありません。では、忘れ物をしたとして、次のA、Bのどちらの方がよりまずい状態でしょうか？
> A. 教科書は持ってきたけど、ノートは忘れた。
> B. ノートは持ってきたけど、教科書は忘れた。

　さあ、これを子供はどう考えるでしょうか。

多くの子供は「Bがまずい」と答えます。理由を聞くと「教科書がないと、授業ができない。でも、ノートがなくても他のノートに書けばなんとかなるから」というわけです。

こんな発言を聞いたら教師として言いたいことが山のようにあるでしょうが、子供は実際にそう考えていることが多いのです。何もルールを設定しないと、ノートを忘れた子供は、算数ならば計算ドリルに、他の教科だったら理科も社会科もごちゃまぜにノートに書き込むようになります。

言うまでもなく、ノートは学習の履歴を残すことが役割の一つです。「月と太陽」の後に「織田信長」が出てくるようなノートでは、話題が行ったり来たりして、その役割を果たせなくなってしまいます。だから、ノートのごちゃまぜ書きは、絶対に許してはいけません。

子供には、ゲームのセーブに例えて話をするとよいでしょう。「せっかくレベルを上げたのに、セーブしないと意味がないでしょう。ノートはセーブなんだ。だから、教科書を忘れることよりもいけないことだ。でも、もし忘れたら仕方がないから、ちゃんと報告をしよう。紙を渡すから。紙に書けば、明日ノートを持ってきて貼ることができるでしょう。だから、ノートを忘れても、絶対に他のノートに書くことはしないように」と指導する必要があります。

いくら見やすく、構成よく書けていたとしても、肝心の内容がバラバラではどうしようもありません。「ノートにはその教科以外のことを書かない」がノート指導の第一歩です。

◆ キーワードは「ノートだけで」

次は、内容や構成についてです。といっても、「見やすいノートにすべき」とか「構成よくまとめるべき」などは、ここで言うまでもなく取り組んでいることでしょう。人によって、「授業では、常に新しいページに書く。前回の続きがページ下半分余っていても書いてはいけない」など、さまざまな工夫をしていることと思います。そこで、見落としがちなことについて記します。

それは「問題文を書くこと」です。授業ノートは良くても、宿題ノートが十分ではないことが多いのです。子供によっては問題文がなく、式と答えしか書い

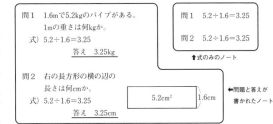

ていない場合があります。特に、先生が宿題のチェックを学習係などに任せきりにしていると、さらに危険です。

　上のように並べると、違いがよく分かります。左のように問題文があれば、どんな問題をどのように解いたかが「ノートだけで」分かります。この「ノートだけで」というのがポイントで、問2などは簡単でよいので図形も描くと、それだけで問題が伝わります。

　これに対して右の書き方では、果たしてどんな問題を、どう考えて解いたのかが分からなくなります。もし間違えても、解き直す手がかりもありません。それに、問1と問2が同一の式になり、区別が全くつかなくなります。「5.2kg」でも「5.2cm²」でもなく、単なる5.2という数字になってしまいます。もっと悪い場合は、式さえもなく、ただ答えだけを書き連ねていることもあります。右と左で学習効果に差が出ることは、一目瞭然でしょう。

◆ ノート指導は「勝手口掃除」の心構えで

　ノート指導は、最初のうちは宿題ノートにこそ、気を配るとよいでしょう。授業ノートは教師がいるところで書くため、決定的な間違いが起こりにくいのです。ですが、教師がいないところで書く宿題ノートでは、例えば「4×5＋2＝20＋2＝22」のように、「＝」を右にひたすらつなげる計算式を書いて平気な子供もいます。

　ノート指導は掃除のようなものです。目につかない勝手口をきれいにする人は、玄関周りも当然きれいにします。普段は気にかけることが少ない宿題ノートにこそ、気を配るとよいでしょう。そうすれば、主役たる授業ノートも自然と良いものになっていくはずです。

18 表情豊かに授業をするには？

子供を引き付ける「役者」になる

□ 場面に応じて話し方に変化を付けよう。
□ 笑顔や落ち着いた表情を使い分けよう。
□ 鏡の前で笑顔をつくり、一日を始めよう。

◆ 先生は魔術師

　初任の頃、先輩の先生の国語の授業『大造じいさんとがん』を見せていただきました。教室に一歩入っただけで空気が変わり、物語の世界に引き込まれていきます。先生の低い声と子供たちを見渡す目の動きで、魔法にかけられたようでした。しばらくすると、子供が泣き出します。私も鳥肌が立って涙が出そうになりました。「授業で子供が泣き出すなんて……」と、授業のうまさに驚いたものでした。

　『大造じいさんとがん』では、がんのリーダーである「残雪」がはやぶさの襲撃を受ける仲間を救うために、命がけで戦う場面があります。大造じいさんは、「残雪」をねらった銃を下ろしてしまいます。

　「大造じいさんはなぜ、再び銃を下ろしてしまったのだろうか？」と子供たちに問いかけます。その時の先生の顔は、笑顔ではいけません。元気よく高スピードで話すのでもありません。本時のねらいに合った、落ち着いた演技が必要です。

　子供たちの考えを深めていく場面になった時は、授業のクライマックスです。迫真の演技で展開します。子供のつぶやきや発表の言葉に、うなずきながら共感します。そして、戦いについて発表する子供へは、声も大きく激しい表情を、勇気と仲間を思う優しさを発表する子供へは、しっとりとした優しい表情を、大造じいさんの心が変化するクライマックスでは、表情、声のトーン、話すスピードや間の取り方を工夫し、物語の世界にのめり込ませたいものです。45分間の授業の中で演技に変

化を付けることができると、先生も子供も達成感のある授業となります。

◆ 笑顔こそがおいしさにつながる

　家庭科の調理実習では、テレビの料理番組に出演していることを想定しましょう。エプロンと三角巾をビシッと付けて、明るく笑顔で演じたいものです。「いい味になったわね」「盛りつけ方はプロのようですね」と、調理の楽しさや出来映えのよさを思い切り、テンポよく伝えましょう。

　野菜の切り方があまりにひどい場合に改善の仕方を伝える時も、笑顔で話せば「厳しい指摘」ではなく、次への意欲につながる「効果的なアドバイス」となります。多少固いジャガイモでも、先生の笑顔で、調理した子供の表情も笑顔になります。家庭科では、笑顔がおいしさにつながるのです。

◆ 反論を取り上げる

　道徳の授業で、正当なことばかりを発表する子供がいます。例えば「100円が落ちていたら必ず警察に届けます」というような立派な発表です。そこで、「でもね、先生だったら……」と発言を裏返す言葉をゆっくりと照れながら話していきます。これが反論を取り上げることの大切さです。先生の切り返しの言葉により、子供の心の奥底の本音を引き出し、議論していくのです。反論を取り上げることも教師の技量の一つです。

◆ 時には思い切り笑い合う

　運動会の表現で、5年生の「阿波踊り」の練習を雨天のため、各教室でした時のことでした。めあては「足の動きを確実に覚えること」「自分らしさを表すこと」です。3人ずつ演技させ、担任の私は「合格」かどうかを審査していきます。「不合格」の人は残って練習させることを、これ以上なく硬く厳しい表情で話しました。子供たちも私の厳しい表情を感じ、じっと黙って私の話を聞いていました。

　最初の3人が並び、その中に学級委員のK君もいました。すると、普

段は大変真面目な彼が、見たこともないほど顔を崩し、真剣にひょっとこの顔をして踊り始めたのです。私は、彼の顔の面白さに吹き出してしまいました。あまりのギャップに笑わずにはいられなかったのです。それからの授業のほとんどの時間は笑いの渦となり、私とクラスの子供たちがみんな、笑い転げて止まりませんでした。演じることもなく、心の底から笑う時間となりました。

　阿波踊りの指導には、厳しく演じることはいらなかったのです。時には、子供と同じ気持ちで思い切り笑い合うのも効果的です。

◆ 鏡を見てチェックしよう

　学校には全身が映る鏡があります。朝、教室に入る前には、鏡に映る自分の姿を見てみましょう。暗い表情が映っていれば、無理やりにでも笑顔をつくってみましょう。1日の始まりは、明るくすがすがしい表情でスタートすべきです。

　教師は演技者でなければなりません。「今日はこんなドラマにしていこう」という熱い思いを持ち、どんな場面にも対応できる幅広い演技のできる役者を目指して、腕を磨いていきましょう。

第2章　分かる授業をめざす羅針盤！

授業準備編

19 自己評価や相互評価を入れた授業とは？

子供の理解度の把握に必要

□子供に授業の感想を書かせよう。
□最初は一行から、じっくり取り組もう。
□感想を書く手掛かりを子供に示そう。

◆「評価」とは「成績を付けること」？

　授業研究を目指して、指導案をつくったとします。指導案をつくり終えて研究協議会を開くと、講師の先生からこんなことを言われます。
　「うん。で、この授業で、評価はいつやるのですか？」
　ああ、しまった、と思います。授業を流すのに手いっぱいで、子供がどれくらいまでできているのか、評価のしようがないのです。どれくらいできているか分からないと、成績を付けられません。それでは、通信簿を付ける時に困るでしょう、というわけです。
　「……そうですね。この発問をした後に、机間指導をして……」と、苦し紛れのことを言います。すると、「そうですね。確かに、やるならそこしかないでしょうね」と、講師が返します。
　「評価」は「成績」と同義で使われることが多くあります。学校現場は、「児童に成績を付ける」という役目を担っています。成績を付けるためには、子供を評価しなければいけません。それゆえ、評価と成績はセットで考えるものだと思えてきます。

◆評価のもう一つの側面

　ただ、ここに落とし穴があります。「子供の成績を付けるために評価をする」というのでは、「評価」の一面しか説明をしていません。もう一面とは何でしょう。ヒントは、学校現場は成績を付ける以上に、ある重責を担っているということです。

講師の先生に「いつ評価をするのか」と聞かれ、私は「評価はできない」と思いました。授業で手いっぱいで、子供がどれくらいまでできているのか分からないからです。いや、待てよ……。そもそも「子供がどれくらいできているのか分からない」という状態を、許していいのでしょうか。授業をこの状態で進行したら、子供の理解度が低いままでも、それに対して手を打たずに進んでしまうではありませんか。
　教師は「成績を付ける」以上に、「子供に学力を付ける」という重責を担っています。だから、子供がどれくらいまで理解しているか「評価」をして回り、場合によっては授業進度や展開を修正しなければならないのです。これが、「評価」のもう一つの側面です。

◆「感想」こそ自己評価

　子供が行う「自己評価」や「相互評価」も、「どれくらい理解しているか」を省みるために行われます。「自己評価が低いから、この子の成績はＣだな」などとするためではなく、子供が自分自身を見つめ直す契機とするためです。教師側も「自己評価が低いな、これは次に行くよりもう一回確認すべきだ」と、指導計画の修正にも使えます。
　「自己評価」「相互評価」と堅苦しい四字熟語を並べると敷居が高く感じますが、簡単に行う方法があります。その一つの方法が「感想」です。授業が終わった後に、感想を書かせるのです。
　これを言うと「いや、感想なんてとんでもない！うちのクラスは何も書けないです」と答える人も多くいます。ですが、まずはやってみてください。最初は「よく分かった」「難しかった」など、感想が一行に満たなくても構いません。一年以上じっくりと取り組んでいけば、自然と書けるようになってきます。
　論より証拠の話をすると、私が現在までに担任をした最年少の学年は２年生です。そこで「５×３」と「３×５」という素材から「かけ算は、かける数とかけられる数を入れかえても答えは同じ」ということを学習しました。２、３、５の段しか学習をしていなかった子供たちですが、これで九九表の７割近くが埋まりました。以下がその時の感想です。

○　ぼくは、知ったことをつかって、九九ひょうを 56 こうめられてよかったです。
　これをどんどんつかって、かけ算を知りたいです。算数は、とてもおもしろいと分かってよかったです。かけ算は、べんりだなー。（Kくん）
○　さいしょは、ぜんぜんいみが分からなかったけど、Dさんが分かりやすくせつめいをしてくれたからよく分かりました。算数大すきになりました。（Iさん）
○　9のだんや8のだんは知らなかったけど、2×9＝18 だったら、はんたいにすると 9×2＝18 になるから、ならってないのに分かるのがうれしかった。（Wさん）
○　Dさんが分かったから、みんなも気付いたんだと分かりました。5×1＝5のはんたいで、1×5＝5。いみはかわっても、答えはおなじと分かりました。これから1のだんからかけ算はず〜っとつづくけどがんばります。（Nさん）

　上の感想を読むだけで、授業展開が想像できるのではないでしょうか。子供たちは、最初は素材を出してもなかなか気付きません。そこで、Dさんが「反対にしても答えが一緒だ！」と気付きます。映画のレビューを読むと、作品の輪郭が見えるのに似ています。

◆　感想を児童に書かせてみよう

　感想を書かせることの利点は、「自己評価」「相互評価」という高い敷居を、一気に低くすることです。上のように、自然に「相互評価」まで行われます。
　さらに、子供は感想を書くために、授業の振り返りを行います。「え〜っと、今日は何を書こうかな。そうだそうだ、あれが分かったんだ」と、一度理解したことをもう一度確認することになります。理解度に関係なく時間とともに終わる授業と、授業の最後に「自分は何が分かった

か、できなかったか」を振り返っている授業。学力に差がつくのは明らかです。

　慣れないうちは、書く手掛かりを子供に示すとよいでしょう。下はその一例ですが、学級の実態や自分の目指す児童像に向けて、どんどん変えていきます。

　「自己評価」「相互評価」は、させればよいというものではありません。よりよい指導に役立つ評価、そして、子供たちのためになる評価を考えることが大事です。

子供に感想を書かせるポイント

レベル	書くこと	例文
1	思ったことを書く	・○○がおもしろかった。 ・今日○○について分かった。
2	「良さ」を書く	・○○が使えて便利だ。 ・今までより○○だからよいと思う。
3	友達のことを書く	・最初……と思ったけど、Aくんの意見で○○なんだと分かった。

コラム

玉磨かざれば石のごとし
～学習規律を教えよう～

　授業を行うには、学習するのにふさわしい環境が必要です。はじめに、どのような環境で授業をするのがよいかという必要性を含めて、「学習規律」というルールを教えることが第一段階です。徐々に教えていけばいいだろうと安易に考えてはいけません。4月当初、子供たちが教師の様子を探っている時期を逃さず、教えていくことが大切です。次は、教え続けることです。教師が学習規律の話をして、全員がすぐに習得できるのは、指導直後のみであると考えたほうがいいでしょう。繰り返し褒めながら教え続けること、妥協せず徹底することが大切です。教え続けることができるか否かで、今後の授業が大きく変わるものです。この段階が教師の頑張りどころなのです。「大体の子はできている」ではなく「全員できる」ことを徹底しましょう。最後は、当たり前にできることとして習慣化することです。

〈ルールとして身に付けさせたい学習規律〉

- ○　休み時間に次の学習の準備をする
- ○　授業始めの挨拶をする
- ○　よい姿勢「グー・ピタ・ピン」
  - →机と身体の間隔はグー・足は床にピタッ・背筋はピンの意味です
- ○　指名されたら返事をする
- ○　聞き方「あいうえお」
  - →**あ**いての顔を見て、**い**っしょうけんめい・**う**なずきながら・**え**がおで・**お**しまいまで聞く
- ○　話し方「あいうえお」
  - →**あ**いての顔を見て・**い**っしょうけんめい・**う**んと口を開けて・**え**がおで・**お**しまいまで話す
- ○　話し方・話し合い方
  - →「～です」「～だと思います。理由は～です」「Aさんと同じで～です」「Aさんと違って～です」
- ○　ノートに書くときは下敷きを入れる
- ○　線を引くときは定規を使う
- ○　授業終わりの挨拶をする

　学校は、授業を通して子供を変えていく場です。落ち着いた整然とした学習環境であれば、集中してじっくり考える時間が持てます。自分の考えを発表したくなります。友達の考えを聞いてみようと思います。「なるほど」「あっそうか」と発見があります。そして、学ぶことが楽しくなるのです。
　「玉磨かざれば石のごとし」。玉である子供たちを磨いていくには、磨くためのしっかりとした土台をつくることが必要です。不安定な土台では、どんなに磨く技術があっても力が入りません。授業でいうならば、土台となるのが整然とした学習規律のある環境です。この環境をつくることは、教師の重要な役目です。後は、教師の授業力で磨いていき、輝く玉である子供を育てていくのです。

ちょっとの工夫で授業が楽しく！

授業づくり実践編

第 3 章

子供の実態をよく把握してる？

子供の可能性を伸ばすことが教師の仕事

□ 学力の高い子供を基準にしていないか注意しよう。
□ たくさんの子供が参加できる問題にしよう。
□ 子供の反応が薄いときは、問題を見直してみよう。

◆ できる子ばかりを見ていないか

> ……私も、先生にお会いした当初、先生の発言を聞くたびに、授業を見るたびに驚かされ、心配もしました。子供の捉え方が一方的、現象面だけで子供に接する。授業は突飛なものが多く、仰天することもたびたびでした。……　　　　　2006年3月24日

　教員生活1年目が終わる日、指導教官からいただいた手紙の一節です。「最後の助言」と題されていました。いつも通りの指導教官らしい淡々とした文章で、それでいて言うべきことは容赦をしない内容で、言葉遣いは丁寧でした。
　手紙の内容は、全くその通りでした。子供の捉え方はもちろん、授業の内容が何しろ突飛だったからです。私としては、面白いアイディアや発想で課題を出しているのに、子供たちがなかなかそれに乗ってくれない、という感覚でした。
　この指導教官がよく言っていたアドバイスが「上ばかり見ていない？」ということでした。ここで言う「上」とは、学力的に上位の子供という意味です。つまり、「できる子供にとっては面白いけれど、それ以外の子供には手が出ない問題ではないか」という心配をしていたのです。

◆ 面白い仕掛けが「良い授業」とは限らない

例えば、右のような問題を４年生に出題したことがあります。授業者の意図としては「わる数と余りの関係を、問題を通して理解させたい」というものでした。

問題を解く糸口は、まず余りの６です。余りが６なのだから、わる数はそれより大きい「７、８、９」に絞られます。次に筆算途中の「７」に注目します。ここが７なのだから、わる数が偶数であることはありません。よって「８」の可能性が消えます。最後は「７、９」のいずれかです。わる数が「７」だとすると、筆算の途中に７が来る場合、商は１でしか

ありえません。しかし、筆算の途中の７の左に数字を入れる□がある（つまり、二桁になる）ので、商は１ではなく、「７」の可能性が消えます。このように考えていくと、わる数は「９」であることが確定します。ここまで分かれば、あとは一つ一つ解いていけばよいのです。

これを、学習を終えた「発展」などではなく、通常の授業で普通に登場させたのです。

結果は散々なものでした。まず、空欄の多さから、わり算を苦手とする子供を中心に約２割が最初から「とうてい無理だ」と諦めていました。それでも、約８割の子供は「やってみるか」と取り組み始めました。しばらくすると、約７割の子供が「もう分からない、無理だ」と音を上げました。それでも、算数が得意な約１割の子供が「何とか解きたい」と懸命に頑張っていました。それで、１から順に考えていった子供が、最後に「９」を入れて答えにたどり着き、それから解説……というように進んでいったのです。

◆ 問題を見つめ直して

　先ほどの問題のまずい点は何でしょう。

　まず「参加している子供が少ない」という点です。肝心の種明かしをしても、9割の子供にとってチンプンカンプンになってしまっているのです。残った1割の子供こそ「うわ〜、なるほど！」と目を輝かせていましたが、これでは良い授業とは言えません。

　また、子供が「散々考えて解けなかった」という体験をしているということも問題です。次に同じような難問を見たときに、「どうせ、今回も無理さ……」と諦めやすくなってしまいます。いつしか、簡単と思える問題でも「自分は算数が苦手だから、多分解けない」と考えだしかねません。

　このような失敗をする原因は、教師側だけが「面白い問題」と感じてしまうことにあります。先の筆算も、授業で扱うかは別として、目にしたときは「おっ、これは何だ」と、興味を引かれたのではないでしょうか。ちょっと解きたくなったのではないでしょうか。しかし、言うまでもなく、それは教師側の感覚であり、そのまま子供には当てはまりません。

　もしも授業で学習課題を提示して、子供から思ったような反応がなかったときは、問題を見つめ直してほしいのです。かつての苦い経験は、そう警鐘を鳴らしています。

　「今日は子供たちにやる気がなかった」とか、「もともと、算数が苦手な子供たちだからなあ」と考えないでください。それは、あの2006年当時の私の心境と同じだからです。

◆ 子供の実態を把握する

　教師の仕事は、「一人ひとりの子供の可能性を信じ、伸ばすこと」ということを、頭にたたき込んでください。どんな子供も、「成長したい。自分の良さを伸ばしたい」と願っているのです。その願いに応えるために、教師はいるのです。

　「子供の実態を把握する」とは、恩師がこう述べている通りです。実態把握を、単に学力的な「できる・できない」のみで捉えてはいけません。

第3章　ちょっとの工夫で授業が楽しく！

　「この子には、こんな可能性がある」「あの子が持っている、あの力を伸ばしてあげたい」というように、「一人ひとりの子供を見つめ、可能性を信じて伸ばすこと」が真の実態把握です。その観点を持てば、ここで挙げた筆算の問題のような、「子供の実態」を無視した教師側の独り善がりの授業は、自然となくなっていくでしょう。

21 導入で子供の意欲を喚起してる？

> わくわくする授業のスタートを切るために

- □ 話し方や声のトーンを変えてみよう。
- □ 授業に合った効果的な導入を考えよう。
- □ 授業の第一声を工夫してみよう。

◆ 意欲を喚起する話し方

　授業の導入時に「子供たちが学習に意欲を持って取り組むためには、どうしたらいいだろう」と悩む先生が多いことでしょう。子供たちが目を輝かせて進んで課題に取り組む姿は理想で、教師の誰もが願うことです。

「はい、では今日は、前回の続きから始めます。〇〇ページを開いて」　↓
「はい、今日の学習は、何でしたか？」
「そうだね、前の学習の続きだったね」
「前回の学習では、何を課題として、どのように取り組みましたか？」
「では、今日は何が課題となるのですか？」
「今日こそ、課題が解決できるかな」

学級の実態、授業の流れに沿って

［自分のクラスの子供たち］
［授業の流れ］
→ イメージ → ［導入の在り方を考える］

研究授業のとき、事前に他のクラスで同じ内容の授業をすることがよくあります。すると必ずと言っていいほど、「導入時の子供の反応が、１組と２組、３組では、全然違っていた」という声を聞きます。それぞれのクラスの学力、関心のあるもの、既習の理解度、授業の雰囲気などが異なるのですから、考えてみれば当たり前のことです。
　だからこそ、自分の受け持っている子供の顔と授業の流れをイメージして、どのような導入であれば子供たちは目を輝かせるのか、考えてほしいと思います。

◆ 打ち上げ花火よりも線香花火をめざす

　理科や算数に特に多いのですが、導入で子供たちが「えー、すごい！」「どうなってんの？」などと歓声を上げる授業を見ることがあります。確かにその時は、子供たちの意欲はとても高いのですが、その後、最後まで授業の目標に結び付くことなく、今日の授業で子供は何を学んだのか、着地点に迷うような授業も多く見られます。
　「意欲を高めたい」という気持ちが強いと、どうしても手品めいた導入に走りがちになります。しかしやはり、この授業で子供たちに何を学ばせるのか、どのような力を付けるのかを考え、最後のまとめまで結び付けて導入を考えていきたいものです。打ち上げ花火のようにドカーンと始めるだけではなく、線香花火のように燃え続ける授業をめざします。

◆ ゲームでの導入も

　算数の学習において、ゲーム的な導入もよく見られます。ここでも、それが子供たちの学習、そして理解に結び付いているかが、良いか悪いかの基準になると考えます。子供がゲームに意欲的に取り組み、楽しみながら、実はそこに教師の仕掛けがあり、知らない間に学習に結び付いていることが大事なのです。
　例えば次の図は、「５年の図形の面積」の導入で行った陣取りゲームの図で、ルールは次のようなものです。「じゃんけんをして勝った人は、点と点を一本の直線で結ぶ。それを続け、何本かの線で囲まれた図形が

できたとき、その図形はその人の陣地となり、色を塗ることができる。ただし、図形の中に点が入らないように線を引かなければいけない。終了時間になった時に、陣地の合計の広さが多い人が勝ちとなる」。

　授業者のねらいは、このゲームで三角形、四角形などこれから学習するすべての形ができるようにすることで、そのために図の点の打ち方を工夫しました。結果、三角形、平行四辺形、台形、ひし形、四角形、五角形などいろいろな形ができ、子供たちはどっちが勝ったのか調べるために、最後まですべての形の面積を意欲的に求めていました。

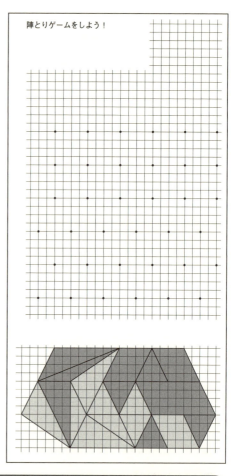

◆ 第一声で教師の意気込みを伝える

　映画やドラマを見始めるとき、初めに飛び込んでくる映像や会話から「今回はどんな内容なのだろう」とわくわくすることがあります。また、午後からの講義や研修会に参加し、「眠くなってしまうかな……」と思っていても、指導者の話にぐんぐん引き込まれていくという経験をしたことがあるでしょう。日々の授業でも、授業開始の教師の第一声がわくわくする時間を方向づけることになります。

　どんな展開にしようか、どんな発問をしていこうか、どこで息抜きとして笑わせようかなどの教材研究をする中で、「第一声」についても考

える習慣を付けます。「よし、今日はこんな言葉からスタートしよう」という教師の意欲が子供に伝わり、子供たちもその勢いに乗れるのです。

　小学校の授業は、教師が一方的に進める講義ではありません。毎日同じ、「今日は○ページを開いてください」という言葉のスタートでは、やる気も失せてしまいます。小学校だからこそ、教師と子供たちがコミュニケーションを取りながら、共に学び合うことができるのです。子供の心を引き付け、さまざまな工夫のある第一声でスタートできれば、学び合う声が飛び交う授業となります。「よし、考えてみるぞ！」「そうだ！こうすればいい」という展開へつなげていくためにも、第一声は重要なのです。

第一声の工夫

●子供を引き付ける第一声

　単元の導入は特に、子供が飛びつく工夫をしていきたいものです。教科書の挿絵を使って考えさせる発問をしたり、具体物を用意して実験したり、映像や写真を見せたり、子供の興味・関心を引き出す導入を準備し、子供を引き付ける第一声を試みましょう。

●何も言わない第一声

　教師は話さず、ただ笑顔で黙って中央に立ちます。何も言わないことが子供の心を引き付けます。「今日はどんな授業かな？」「先生は、なぜにこにこしているのかな？」と考えを膨らませていく子供の姿を大切にしましょう。

●俳優と同じ演技力で第一声を

　大きな声を出したり、ひそひそ声で話したり、間をとったり、表情を変えたり、動作を加えたりと、いろいろな顔を持ち、さまざまな演技をする俳優のように、教師も俳優に変身して授業の幕開けをしてみましょう。演技力のある教師の第一声であれば誰もが釘づけになること間違いなしです。

どの子にも発表の機会を与えてる？

子供の発表力を高める学級づくりを

□子供の発表を待つ姿勢を心掛けよう。
□机間指導で子供の意見を把握しよう。
□間違いを恐れず、自信を持たせる指導をしよう。

◆ 授業はクイズ番組ではない

　テレビのクイズ番組では、司会者が誤答の回答者をスパッと切って次の人に回答を求めていきます。司会者には台本があり、そのとおり進めればよいのですが、回答者は問題を聞いていかに速く正確に答えるか、短時間で「考える」という勝負をしています。授業ではどうでしょうか。指導案があり答えも分かっている教師と、1回の発問でいかに速く正確に答えられるかを勝負していく子供……、これではクイズ番組と同じになってしまいます。

◆ 本当は言えたのに…

　例えば、次のような授業場面に遭遇したことはないでしょうか？

> 先生　：「Aさんは、どんな考えですか？」
> 子供A：「……」
> 先生　：「じゃあ、Bくんはどうですか？」
> 子供B：「……」
> 先生　：「ほかの人は？」

　このA・Bの子供は本当に答えられなかったのでしょうか？　何も考えがなかったのでしょうか？　すぐに次の子へ進められたり、「じゃあ」

「ほかの人は」という言葉で切られてしまった子供は、もう次は言いたくなくなってしまいます。

　ここで大切なのは「待つ」ことです。すぐに考えが浮かぶ子、思いつきで答えるのが得意な子、じっくりと考える子、教師の発問の意味が分からなくて固まっている子、クラスにはさまざまな子供がいます。教師が「待つ」ことで、子供は自分の思いを整理する時間が持て、答えることができるのです。そして、それでも自分の考えをうまく言えない子供がいれば、答えられそうな問いを加え、発表できたという自信を持たせることも大切です。

◆「これでいいのかなあ」

　次の分数の解き方を見てみてください。

$$\frac{8}{9} \div \frac{2}{3} = \frac{8 \div 2}{9 \div 3} = \frac{4}{3}$$

　分数÷分数の計算をする時、子供たちは、分数×分数では分子どうし、分母どうしを掛けたからということで、分子どうし、分母どうしを割ろうとします。実は、これを計算すると、しっかりと正解にたどり着くのですが、子供たちは積極的に発表しようとはしません。子供たちから発表されるのは、教科書に載っている理想的な解答であることが多いのです。

　このような場面に限らず、授業中に子供たちはいろいろなことを考えています。それこそ、大人では思いつかないようなことを……。しかし、自分の考えに自信がないために、発表することができないのです。「正解を発表しなくてはいけない」と思い込んでいるのです。

　では、どうしたら子供たちは自分の考えを自由に発表できるようになるのでしょうか。

◆ 子供の意見をくみ取る机間指導

　まずは、机間指導をしながら子供たちの意見を把握することが大切です。机間指導をすることで、子供一人ひとりの意見を把握することができます。自分の考えをノートにまとめていれば、その良い考えに丸をつけてあげることで、自信を持って発表できるように支援することができます。こうした体験を積み重ねていくと、子供は発表への意欲が高まっていきます。

　私自身が心掛けていることは、子供たちに完璧さを求めないようにすることです。授業では、途中までは分かるんだけど、うまく結論が言えないという子供がよくいます。そんなときは、「途中まででよいので、考えたところまで発表してください」と伝えます。

　子供には自分が思いつくところまで発表させるのです。残りは周りの友達がいっしょになって考えることもできます。そうすることで、別の考えが生まれてくる子供もいます。だから途中まででよいのです。その考えを引き継ぐ子供にバトンを渡すのが、教師の仕事だと思います。

　どの子供にも発表の機会を与えるには、教師が子供たちの意見をつなぐ、コーディネーターになる必要があるのではないでしょうか。

◆ 学級経営こそが発表力を高める

　子供たちには「教室はまちがうところだ」という詩の紹介をします。この詩を紹介すると子供たちは少し安心できるのです。でも大事なことは、子供たちが間違っても、先生がその発表を生かそうとすることです。一生懸命に発表した子供の意見を関係ないと見逃してしまうと、その子供の発表への意欲は低下してしまいます。少しでも肯定的な言葉掛けをして、意見を認めてあげることが大切です。

　子供が分からないことを「分からない」と自由に言える雰囲気をつくるなど、クラス全体が一人ひとりの意見を受け入れられる体制づくりが最も重要になってきます。ふだんの学級経営こそが、子供の発表意欲に大きく関わってくるのです。

◆ 子供が主体的に取り組む授業に

　子供に発表の機会をできるだけ多く与えるためには、子供に考える時間を十分に与え、教師の待つ姿勢が大事であること、すなわち、子供の活動時間を増やすことが大切だと言えます。例えば、下図のグラフを見てみてください。

　教師と子供の活動時間を調べたところ、45分の授業の中では、「教師の話す時間」が長くなればなるほど、「子供の活動時間」が減っていくという関係にありました。子供が主体的に取り組む授業になるためには、教師の話はより少なく、でも子供の心に響かせるようにしたいものです。その工夫をぜひ考えてみてください。

授業時間における教師の話す時間と子供の活動時間

教師の話す時間（分）	0	10	20	25	30	45
子供の活動時間（分）	45	35	25	20	15	0

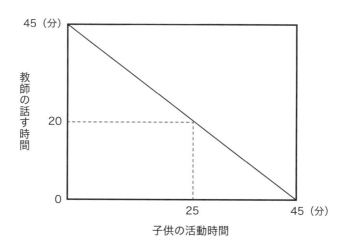

意図的な指名をするように工夫してる？

指名に教師の思いを込める

□同じ子供ばかりが発表する状況を断ち切ろう。
□意図的指名を効果的に活用しよう。
□発問にも工夫をしよう。

◆ 発言しないのは子供のせい？

「今日の授業では、子供たちが生き生きと意欲的に発言し、学習していました」。とある研究協議会で、授業の感想として出てきた発言です。私もこれまでにさまざまな授業を見てきましたが、やはり教師だけが解説をしているような授業よりも、子供が自分の考えを自分の言葉で表現したり、教師の問いに対して意欲的に考え、答えたりしている様子がたくさん見られる授業の方が、刺激を受けるものです。

また、教師同士で話していると、こんな話題になることがあります。「うちは一部の子しか発表しないから……」「先生のクラスは明るくていいよね。うちのクラスは暗くて授業が全然盛り上がらないのよ」など、子供の発言が少ないという話です。もちろん子供たちは一人ひとり性格が異なります。話すことが好きな子もいれば、嫌いな子もいるでしょう。

ですが、授業をしていてこう思ったこともあります。「昨日の授業では子供たちは全然発表しなかったのに、今日は話し合いが盛り上がったな」。毎日同じ子供たちを相手に授業をしているにもかかわらず、日によって子供たちの反応に違いが出るというのは、子供たちではなく、教師側に何らかの原因があるということです。その原因の一つとして、指名の方法や指名計画に問題があることが考えられます。

◆ 同じ子だけの発表を防ぐ指名方法

1時間の授業中に、教師はいくつも発問をします。子供たちがその発

問に答えていくことで授業が進んでいきます。ところが、ただ単に手を挙げた子を指名していくだけでは、同じ子が発表するだけの授業になりがちです。子供たちの発言に対する意欲は低下し、また同じ子を指名する……。この負の連鎖を断ち切るためには、どんな方法が考えられるでしょうか。以下に挙げてみました。

> 有効な３つの方策

❶ まずはじっくり待つ

　発問をした後、すぐに手を挙げた子供を指名するのではなく、少し待ってあげることが大切です。よく言われていることですが、授業が思うように進まず焦ってくると、待てずにすぐ指名してしまいがちです。私もよくこの失敗をしましたが、これを繰り返すと、子供に「同じ子しか当てないのか」と思われてしまいます。

　逆に、教師が我慢して待つことで、迷いながらも発言しようと試みる子が現れます。このときを見逃さずに指名することで、授業が大勢のものになっていくのです。

❷ 机間指導を行い、子供の考えを把握する

　机間指導を行えば、どの子がどんな考えを持っているかが分かります。「すごい発見をしたね。みんなに教えてあげようね」と声を掛けることで、子供の意欲が上がってきます。そして生き生きと手を挙げるのです。例え挙手をしなくても、素晴らしい考えであれば「○○さんの考えは、みんなと少し違うんだよ。聞いてみよう」と言って、意図的に指名することができます。指名の下地をつくるために、机間指導は必要です。

❸ 指名方法の引き出しを増やす

　指名方法には、さまざまなものがあります。まずはそのいくつかをご紹介します。

授業づくり実践編

- 挙手指名…挙手した子供を当てる
- 順番指名…列ごとや番号順など、順番で指名する
- 意図的指名…教師が意図的に指名する
- グループ指名…班やグループごとに発言させる
- 相互指名…発言した子供が次の発表者を指名する

　こうした指名方法の引き出しをたくさん持っていると、同じ子供だけが発表するといったマンネリ化がなくなってきます。これらの方法はほんの一部でしかなく、自分なりに指名方法を工夫していくことで、教師としての力量が上がってきます。
　どのタイミングで、どんな指名をするのかは教師次第であり、適切な指名方法を適切な場面で用いることが重要です。
　上に挙げた中で、子供たちの意欲を高める上で教師が特に意識し、力を入れるべきは、意図的指名です。なぜなら、意図的指名にこそ、教師の思いを強く注ぐことができるからです。
　例えば、学級の大半が答えられる発問には低位の子を指名したり、話し合いが広がるようにあえて間違えた子を取り上げたりすることは、意図的指名の大きなメリットです。さらに、課題の答えにたどり着く過程で手が止まり、「なぜだろう」という疑問が浮かんでいる子を見つけたときはチャンスです。その「なぜ」を意図的指名で拾い、話し合いの中でより具体的にすることで、1人の「なぜ」がみんなの「なぜ」につながっていくからです。そして、その「なぜ」の先を思いついた子は、「みんなに教えたい！」という欲求が高まり、発言に対する意欲が劇的に高まっていくことでしょう。
　上に挙げた指名以外にも、私自身が授業の中で取り組んだ指名がいくつかあります。
　その一つが、「起立指名」というものです。1人が発言します。その発言に対して自分なりの発言が持てた子供たちが挙手ではなく、起立を

するものです。座っているだけでは子供の動きが見えないので、これを入れてみると活動的になって楽しくなります。

　その二として、「立場指名」もよく使います。発問の中には、「ＡかＢか」「賛成か反対か」など立場をはっきりさせるものがあります。そんな時は、立場をはっきりさせてから考えを述べるというものです。

　その他には、学級全体の意欲が高まり、子供たちが成長してくると、授業では「指名なしの自由発言」もできていきます。誰かが語りだすと、次々に発言していくこともできます。ここまで子供の意欲を高めたいものです。

◆ 指名に先立つ「発問」

　これまで授業の「指名」という部分に焦点を当ててきましたが、指名よりも先に教師が考え、工夫していかなければならないものがあります。そう、「発問」です。「子供たちにこの課題について考えさせるためには、どういうふうに投げ掛ければよいのか」。同じ素材、同じ問題を使って授業をしたとしても、投げ掛け方、問い掛け方が少し違うだけで、子供の反応は変わってくるものです。そして、指名は発問の後にするものなので、子供を引き込む良い発問がなければ、指名をいくら工夫しても、教師の徒労に終わることも考えられます。

　発問の仕方の中に、どれだけ教師の工夫を詰め込むことができるか。ここが勝負所です。指名について悩みが生じたとき、この文章が解決の一助になることを願っています。

「分かりましたか？」を連発してない？

子供を追い込む禁句

- □ 子供の理解度の確認は、学習態度や机間指導で把握しよう。
- □ 常に「正答」を求める態度から抜け出そう。
- □ 発表の仕方、聞き方の指導をしよう。

◆ 自信のなさから子供を追い込む「分かりましたか？」

　授業を見ていると、多くの教師が「分かりましたか？」と問うている場面が多々あるように感じます。私も授業中に「分かりましたか？」「分かった人？」「分かりましたね！」と問うていたことを思い出します。教師が「分かりましたか？」と問うのは、次のようなときではないでしょうか。

　1　次の学習に進むために、子供たちの理解の程度を確認するとき
　2　教師の話や子供が発表した内容が理解できたか確認するとき
　3　授業の終わりに、子供たちがねらいを実現できたか確認するとき

　いずれも、子供たちの理解の程度を確認したいときだと言えます。しかし、このように言われたら何も分かっていなくても、とりあえず「分かりました」と私なら答えます。教師が汗をかきながら熱弁をふるい、何分間も説明しているのです。子供だってその熱い思いを受け、空気を読んで「分かりました」と答えるのではないでしょうか。「分かりません」なんて、とても言えないでしょう。

　「分かりましたか？」と言ってしまうのは、教師自身が、説明はこれでよかったのかと確認したいがためかもしれません。

　そして、このような授業を重ねていくと、教師も自分の教え方に何の疑問も持たなくなり、いつの間にか「分かりましたか？」が習慣になってしまうのです。

> ○…子供が理解できている例　●…子供が理解できていない例
>
> ○　教師や友達の話をうなずきながら聞いている子
> ○　素早く鉛筆を持って、自分の考えを書き始める子
> ○　ペアやグループ学習で、意気揚々と話している子
> ●　教師と目を合わせず下を向いてしまう子
> ●　考えが書けずに、石のように動かない子
> ●　消しゴムで消してばかりいる子

◆「分かりましたか？」から抜け出すために

　教師は「分かりましたか？」と問い掛けることで、クラスの大体の子供の思いをつかむことができると考えがちです。でも、「分かりましたか？」「は〜い」で進んでいってしまうと、分かっていない一人の子供にとっては、自分が取り残されていくように感じられる嫌な言葉になるものです。この何気ない「分かりましたか？」は、「ちくちく言葉」に変わっていくこともあるのです。

　クラス全員の子供たちが達成感を得る授業となるためには、教師がしっかり子供たち一人ひとりを見つめ、「分かっていない子」だと感じ取り、そっと寄り添い、「あったか言葉」を掛けていくことが大切です。

　日々の授業の中で、「分かりましたか？」という言葉を連発していることに気付いたとき、それは授業のマンネリ化が進んでいるときなのかもしれません。授業の改善が必要なときなのだと、自分を見つめ直したいものです。

◆ 緊張する子供たち

　私は子供の頃、緊張しながら授業を受けていました。それは、「先生に指名されたらどうしよう……」という不安があったからです。みなさんにも、今指導している子供たちにも、少なからず同じような経験があるのではないでしょうか。この不安は、「自分の答えは間違っているん

じゃないか…」という自信のなさからきているものです。だから、先生に「分かりましたか？」と問われても、「分かりません」なんて言えたものではありません。

　教師になって分かったことがあります。それは、授業をしている自分自身が「正解のみを良しとする雰囲気」を漂わせてしまっているということです。これでは、なおさら、自信のない子供は緊張を強いられてしまいます。

> 先生：「Aさん、よく手を挙げたね。えらい。発表してごらん」
> Aさん：「はい…。○○だと思います…」
> Bさん：「聞こえません！もっと大きな声で言ってください」
> 先生：「Bさん、みんな。もう少し耳をすまして聞いてごらん」
> 　　　「Aさん、もう一度言ってごらん」
> Aさん：「………。」

　その日のAさんの日記には、次のように書かれていました。
「もう、絶対に発表したくない」。
　このことをきっかけにして、私は次のことを学びました。

① 自信のない子でも、勇気を出して発表することがある。その機会を逃さずに、自信がつくように指導すること。
② 発表の仕方と同時に、聞き方の指導も大切である。
③「友達の発言を聞き逃さないぞ」という気持ちで聞く習慣を、学級全体に指導し、身に付けさせること。

◆「答え＝正答」ではない

　教師は１時間の授業のためにさまざまな準備をし、子供の前に立ったらその時間の目標達成に向かっていきます。その中で、つい、子供の気

持ちを置き去りにし、自分の教えたい内容と時間とを気にしながら授業を進めていってしまうことがあります。子供に「分かりましたか？」を連発して言ってしまうのも、こんな時です。ここには、早く次に進めるために、「分かりました」という子供の答えを期待している、教師の甘さがあると思います。

　この「正答」を求める教師の問いかけ、表情が、無意識のうちに子供たちに緊張感を与えているのです。

◆「間違うことが当然」

　教師は、「間違うことが当然」の意識を強く持って授業に臨むことが大切です。子供が全力で考え勇気を出して発表する行為は、子供の人格そのものであり、共に学ぶ集団で大切に育てていくべきものです。

　例えば、次のような姿勢を心掛けてみてください。

> ○　教師自身が間違うことを恐れずにチャレンジする姿を見せる。
> ○　間違うことが当然だと思える話をいつもする。
> 　（『教室はまちがうところだ』＜子どもの未来社＞などの書籍を読むのも有効）
> ○　間違いを恐れずに発表する子供を率先して褒める。
> ○　正答ありきで授業を進めない。広く考えを受け止める雰囲気をつくり出す。

　この他にも、ベテランの教師はたくさんのノウハウを持ち、日々の授業に取り入れています。先輩教師からそのノウハウを聞いたり、見て学んだりすることで、「間違うことが当然」の授業づくりをさらに進めていってください。

25 静けさだけを要求する授業をしてない？

授業への集中に必要なこと

- □「なぜ静かにするのか」を子供に理解させよう。
- □静けさよりも集中することを重視しよう。
- □怒鳴らずに指導を行おう。

◆ 似て非なる「静けさ」と「集中力」

　学習規律という言葉があります。私はこの言葉を「学級の子供たちが授業に向かう上で、身に付けておくべき最低限のマナーやルール」と捉えています。例えば、「名前を呼ばれたら大きな声で返事をする」「ノートを使うときは必ず下敷きを使う」「友達が発言している時はその友達に注目する」などです。これらは各担任の学級経営とも密接に関わるため、徹底するポイントやその度合いには教師によって違いがありますが、その目的はひとえに「子供たちが集中して学習に臨む」ということです。

　その一つとして、「授業中は静かにする」ことを徹底している教師がいます。確かに、授業中に子供たちが好き勝手に話しだしたら、授業は崩壊してしまうでしょう。では、子供たちが教師の発問だけに答え、それ以外の時間は静まり返っている授業は、良い授業と言えるでしょうか。そうではありません。子供たちが授業にのめり込んでいれば、例え静かな教室ではなくとも、集中した学習が行われていくはずです。

◆ なぜ静かにするのか？

　「静かにしなさい」という言葉で子供たちを締め付けると、失われていくものがあります。それは、子供たちの反応です。自由な発言の機会を奪われ、ただ「静かにする」という規律だけを押し付けた学級では、反応が次第に失われ、教師と挙手した子供だけの会話で学習が進んでいきます。教師だけが話しているということすらあります。そのような一

方的な授業では、子供たちの主体性は高まらないでしょう。

　自由な発言が許されている学級では、教師の発問や友達の発言に対して、疑問を投げ掛けたり、同意したりと、何かしらの反応が見られます。教師はその反応を大切にしていきたいものです。

　ただし、子供たちに静かにすることを要求するのは、間違いではないと私は考えています。というのは、学習では必ず静かにするべき時があるからです。そうした場面については、「静かにする」という規律を徹底するとよいでしょう。

　前述の「友達が発言している時はその友達に注目する」という規律を徹底すれば、子供たちは友達の話をしっかりと聞き、その後に話すように変わっていきます。友達の話を聞くためには静かにしなければいけない、と理解するから変わっていくのです。なぜ静かにするのかを子供たち自身が理解していれば、教師が締め付けなくとも、必要なときには静かになるはずです。

◆「静かにしなさい」がいらない授業

　1学期の社会科で寒い地域の学習をした時、教師が実際に住んでいた家やその地域の写真を見せて授業をしたことがありました。社会科では、時に子供たちの実生活とはかけ離れた地域の学習をすることがあります。都会の子供たちには、寒さをしのぐ工夫や雪かきの大変さなどを知るすべはないでしょう。静かな教室で教科書を見ただけではなおさらです。しかし、教師が実際に暮らしていた家を見ることで、現実味は一気に増したのです。「ほんとだ！」「初めて見た！」と、写真と教科書の資料を見比べながら声を上げていました。

　それは、決して静まり返った教室ではありません。でも、子供たちは確かに集中して学習に取り組んでいました。教師が与える課題や資料が集中に値するものであれば、子供たちは自然と学習にのめり込んでいくはずです。そこには、「静かにしなさい」という言葉は無用です。

①融雪溝

②灯油タンク（容量は約500リットル）

③風除室

※表札を見せたことで、教師の実家であると子供たちは納得した。

◆ 怒鳴って静かにさせてもよい？

「うるさい！静かにしろ！」。こんな声を耳にすることがあります。大声を出すと、その一瞬は子供たちが静まり返り、指導をしやすい雰囲気ができるかもしれません。しかし、大声で怒鳴る指導にはむしろ、次のようなデメリットがあると考えられます。

〇デメリット１：子供たちが萎縮してしまう

大声で怒鳴ることで、子供たちは恐怖を感じ、萎縮し、教師の顔色をうかがうようになります。恐怖で子供たちを支配しても、子供たちと心を通わせたことにはなりません。教師に悩みを相談したり、分からないことを気軽に質問したりできなくなってしまいます。

〇デメリット２：子供たちが怒鳴り声に慣れ、教師が掌握しにくい環境ができてしまう

良い意味でも悪い意味でも、子供たちは経験を積み、さまざまなことに慣れることで成長していきます。教師が毎日のように怒鳴り声を上げることで、その声に慣れてしまうことも十分に考えられます。

◆ 怒鳴らずに成長させる指導

　では、怒鳴り声を上げずに子供たちを掌握し、なおかつ成長させるような指導方法はないのでしょうか。

〇指導方法１：子供たちが気付くまで待つ

　こちらの話を聞いてほしいとき、「静かにしろ！」と怒鳴るのではなく、子供たちが静かになるまで待つという方法です。この方法は根気が必要で、最初はなかなか効果を得られないと感じるでしょう。しかし、子供たちは慣れていくものです。教師が待ちの姿勢になったとき、何を求めているのかを次第に気付けるようになっていきます。そうなったとき、子供たちの成長を実感することができるでしょう。

〇指導方法２：教師がどんなことを言ったか尋ねてみる

　「〇〇くん、先生は今何と説明しましたか？」と投げ掛けてみることも効果があります。話を聞いていない子供は当然答えられず、困ってしまうかもしれません。だからこそ、人の話を聞くことは大切だと知る絶好の機会になるのです。この投げ掛けに子供が答えられた場合は、「よく聞いていたね」と切り返してあげればいいのです。

　怒鳴るのではなく子供の隙を突くことで、「この先生はしっかりと自分を見ている」と子供に思わせる指導も効果があります。その他、子供たちの実態に応じて、アレンジを加えていきます。

　ここであえて言いたいのは、「怒鳴らない＝厳しくしない」ということではありません。友達の心と体を傷付けたり、けがの危険がある行動をしている場合など、毅然とした態度が必要な場面ももちろんあります。子供たちを指導する際には、感情をコントロールしつつ、教師の真剣さを伝えるための手立てを持つことが求められるのです。

ちょっとした「つぶやき」を感じ取るには？

子供の自己表現を大切に

□ 授業での子供の声を拾ってみよう。
□ 子供が発言しやすい環境をつくろう。
□ 子供の発言を尊重する態度を見せよう。

◆ 静かな授業に足りないもの

　私は教師になりたての頃、子供たちが静かに授業を受けているのが正しいと思っていました。静かで整然としている授業は、一見すると子供たちが落ち着いていて、良い授業のように見えました。しかし、私がある授業研究会で授業をしたとき、指導をしてくださった講師の先生から「先生のクラスには積極的な学びがない。とても残念です」と言われたことがあります。その時は何がいけなかったのか、うまく理解することができませんでした。

　その後、いろいろな研修に参加する中で、その当時のクラスに足りなかったことが分かってきました。それが、授業中の「つぶやき」です。

　「つぶやき」は「私語」とは違います。授業と関係のないおしゃべりは「私語」です。では、「つぶやき」とは何でしょうか。私なりの解釈は、子供が課題に対して主体的（積極的）に関わったことにより生まれた疑問や、感想などを思わず発した言葉です。「分かった」「あっ、そうか」などの声も、自己表現なのです。教師が、授業の中でこうした声を拾うことは子供を認めることになるし、授業を高めることになります。

　では、具体的に子供がつぶやくのはどんなことでしょうか。いくつかの種類に分けられると思いますが、例えば「分かった！」「なるほど！」といった理解を表すもの、「それっておかしい」「え？」といった反対を表すもの、「よく分からない……」「どういうこと？」といった疑問を表すものがあります。種類は違いますが、これらのつぶやきの共通点は、

子供が友達や教師の発言を一生懸命聴こうとしているからこそ生まれるという点です。私が「残念」と言われた授業では、このような子供たちの積極的な授業への関わりをつくり出せなかったということです。

◆ 学びを深める「つぶやき」

「つぶやき」を聞くメリットは以下のことだと考えられます。

・率直な意見を聞くことができる。
・多くの子供が積極的に授業に参加することができる。
・幅広く疑問や意見を聞くことができる。

学習に深まりが生まれる。

授業は子供たちの疑問や課題意識でつくっていきたいものです。教師が一方的に課題を与えるのは簡単ですが、それでは子供が積極的に学んでいるとは言えないでしょう。

また、率直な意見や疑問を言えることが「つぶやき」の良さです。そこから意見のやりとりが生まれ、学びが深まっていきます。そして、発表が得意ではない子供も積極的に授業に関わっていくことができます。

◆「つぶやき」は授業のエッセンス

１年目に行った算数の授業で、初任者指導の先生から「○○さんが言っていたことを取り上げれば、スムーズに授業が進んだのに……」と言われたことがありました。ただ、その時の私には、子供の「つぶやき」を拾う余裕など全くなく、それがいつの発言だったのかも分かりませんでした。思い返してみると、「つぶやき」を拾おうという意識が薄かったというのが、正しいかもしれません。授業をしっかりと終えることに一生懸命で、話がそれてしまうことを怖がっていました。

その反省を踏まえ、ここ数年は、子供たちの「つぶやき」を拾おうと心掛けています。授業中に素直なリアクションが見られ、温かい雰囲気で授業ができているように感じています。子供が「分からない」と意思表示をするので、そこからクラス全体に意見のやりとりが広がる様子も

見られました。

　ある子供の日記に「授業中に分からないと伝えられるので、安心して授業を受けられるようになった」と書かれていました。教師が授業のねらいを見失いさえしなければ、「つぶやき」を拾って授業を進めた方が、子供たちの実態に合った学びになるのではないでしょうか。

　「発言は手を挙げてから」というルールは、どこの学級にもあります。このルールによって、授業は整然と進むと思います。ただ、多くの子供たちを主体的に授業に関わらせるために、子供がつぶやける環境をつくっていくことも大切です。

・率直な発言ができる雰囲気ができているか。
・間違いや反対意見を受け入れられる子供同士の関係ができているか。
・教師が子供たちの意見を聞こうという姿勢を示しているか。

以上の点を踏まえて、みなさんの授業を見直してみてはどうでしょうか。

◆ 子供の意見や考えを受容する

　ある小学校の５年生の学級活動をのぞいたときのことです。

> 先生：昼の清掃に熱心に取り組まない人が多いです。どうすればよいか、みなさんに考えてほしいと思います。まずは意見や考えのある人、どんどん発表してください。
> 子供（女）：各班ごとに話し合って、真面目に取り組むよう、班の約束ごとを決めた方がよいと思います。
> 子供（男）：一生懸命やっている人が損をしないよう、さぼってばかりいる人に、罰を与えた方がよいと思います。

　子供たちは、さまざまな意見や考えを発表していました。担任はどのようにまとめていくのかなと心配していましたが、それは杞憂に終わりました。そのときの担任の指導は次のようなものです。

❶ 一人ひとりの意見や考えを大切に扱う
・発表した子供一人ひとりに、必ず「うーん、なるほどなあー」とうなずく。
・簡単なメモ程度のことを、同じような意見をまとめて黒板の左右に板書する。

❷ 型どおりに「さあ、終わり」ではなく、常に子供を主体に考える
・発表を打ち切るとき、「意見や考えがたくさん出ましたね。残念だけど、あと３人の意見を聞いて終わります。これまでとは大きく違った意見や考えの人だけお願いします」とする。

❸ 子供一人ひとりの意見や考えを尊重した上で結論を出す
・結論を出す時に、個人で、ペア（席の隣同士）で、班ごとで時間を決めて話し合わせ、最後に班の代表が発表し、全体で決定する。

❹ 子供の結論そのままではなく、場合によっては再度話し合いをさせたり、決定事項には指導を加えたりする
・決定後は、教師が再確認し、指導すべき事項を加えて話している。

　子供も大人も、自分が納得したときに精いっぱいの輝きを放ちます。どんな幼稚な意見も、まずは表現できる学級こそが良い授業をつくっていくものです。授業はできる子供だけで成立するものではありません。できない子供はできる子供に学び、できる子供はできない子供との関わりから、さらに学ぶことができるのです。互いが高め合うためには、それぞれの個を引き出すことが大事です。このことは、教師の大事な引き出しの一つです。

明確で的確な指示を心掛けてる？

授業の方向付けをしっかりと

□分かりやすい指示の仕方を考えよう。
□子供の状態を見て指示を与えよう。
□子供自身の気付きを生かして指示をしてみよう。

◆ 的確な指示は授業の流れをつくる

　最近の授業では、子供たちの主体性が以前より重視されるようになりました。つまり、理論的に重視されるだけでなく、「学習の場において子供たちが主体的に活動している」ということが、「実際に見える」あるいは「分かる」ことが求められているわけです。
　このような授業の創造は、まさに子供たちの「主体的・対話的で深い学び」につながっていきます。学習の主役は子供たちです。
　多くの授業を見ていると、子供たちが生き生きとしていて、メリハリのある授業では、1時間の中での教師の話や指示があまり多くないということが分かります。一方、教師の思いのままに進めている授業を見ると、教師の話や指示のみが多い授業となっています。
　良くない例としては、教師の指示が多く、それも繰り返されるうちに少しずつ指示が変わってしまう授業です。子供たちにとっては、最初に言われたことがどんどん変わってくると、結局何をするのか分からなくなって遊び始めます。
　教師になりたての頃、授業が終わった後で、子供に「今日の学習でどんなことが分かった？」と聞いてみました。子供たちからは曖昧な内容や、授業の中の枝葉末節なことを得意げに挙げられることがあり、自分の教材研究の甘さ、子供たちの状況を捉える弱さ、授業の組み立ての弱さを思い知りました。ぼろぼろの授業をしていたのです。
　授業が成立する条件は多々ありますが、少なくともその重要なことの

一つに「教師の的確な指示」があります。教材研究の甘さは、授業のねらいを絞れず「あれも、これも教えたい」ということにつながります。そうすると、授業は一問一答に陥ってしまいがちです。子供たちにとってはこの一問一答が、「発問」という名を借りた「指示」になるわけですから、主体的な学びにはならないのです。

◆ 子供に分かりやすい指示を

「この図から分かることを３つ書きなさい」「さあ、全員立って。読み終わった人から座りなさい」。このような分かりやすい指示は子供に安心感を与えます。一方、分からない指示をされると、イライラして「どうすればいいの？」と不安になることがあります。教師は至るところで指示をしています。だからこそ、話すことを大事にする職業として、どのように指示をしたらよいかを考えることは大事なポイントです。

授業で教師は、子供たちの主体性を重視し、子供自身に考えさせ、表現させることが求められています。そのためには、子供たちに授業の意図をはっきり伝え、学ぶ内容がよく分かるようにさせなければなりません。

◆ 指示の持つ意味とは？

ところが一部の教師は、「教師の指示」の持つ意味を誤解しているのではないでしょうか。つまり、「教師の指示」を「子供の学習活動を教師の意に沿うように導くもの」とだけ理解している教師もいるのではないかということです。

確かに、子供の安全に関わるような場面では、安全確保のため子供の活動を制御することは必要です。しかし、指示の意味はそれだけではありません。実は、「子供の主体性を重視した学習活動の展開」にこそ、「教師の的確な指示」が求められているのです。

子供の主体性を重視した学習活動は、問題解決学習に似た過程をたどることが多くあります。問題の把握から始める各学習段階の節目節目で、教師の的確な指示・助言は不可欠なものとなります。教師の的確な指示・

助言のない授業は、子供を放置・放任することになり、何を学んでいるかがはっきりしない状態を招く危険性が高くなるのです。「教師の指示」が、いかに重要な意味を持つか再確認しましょう。

◆ 的確な指示の基本

では、「的確な指示」とはどのようなものでしょうか。これは、指示を受ける側の立場に立つと分かりやすくなります。以下に、基本中の基本を３点示すので、参考にしていただければ幸いです。

❶ 子供が「指示を聞く姿勢にある」ときに指示する

作業学習、実験、観察など動きのある学習活動を始める前、あるいは活動が一段落して、子供自身が話を聞くことのできる状態のときに指示をすることです。ワイワイガヤガヤの状態で指示しても、ほとんど指示にはならないことを心得ましょう。また、子供たちが夢中になって取り組んでいる時や考えている時に、指示を出してしまうのもよくありません。

子供が話を聞ける状態でないときに指示を出す光景は、研究授業のときなどにもよく見られます。普段から人の話を聞く姿勢を育てておくことも大切です。

❷ 簡潔明瞭。指示内容はできるだけ３項目以内に！

長い話は禁物。ましてや、さんざん話した後でさらに「あっ、忘れてた、それからもう１つ付け足すと……」などというのは最低です。子供に指示内容を理解させるどころか、精神的にイライラさせてしまうことになります。指示内容を整理して、できるだけ３項目以内にまとめ、子供たちが活動する前に指示をしましょう。

❸ 指示内容を「子供の発見・気付き」として知らせるテクニック

授業を盛り上げ、自らが学んでいるという主体的な学びにつなげるためのテクニックを１つ紹介しましょう。

それは、「先生も気付かなかったのに、○○さんが△△を発見しました。とても大切なことですね！　みなさん、○○さんに拍手しましょう」という具合に、指示する内容そのものが、子供自身の発見や気付きになるように仕向けることです。また、指導する内容もそうありたいと授業では心掛けています。
（注：褒めることは効果絶大の反面、乱用すると子供の信頼を失います
──経験者は語る）

視点を多く持って授業をしてる？

独り善がりの授業にならないために

- □子供の視点で授業を見直そう。
- □同僚の先生とも授業について話してみよう。
- □研究会などで、授業の視点を増やそう。

◆ 授業をいろいろな視点から見る

　私の学校では毎年、校内絵画展が開催されます。今年度のテーマは「自分の姿」としました。運動会でソーラン節を踊る姿や林間学校での火おこしなど、同じ題材が多く、同じような絵ができるかなと心配しましたが、その心配は杞憂に終わりました。下描きを見ると、対象を斜めから捉えている子供もいれば、やや下から見上げた子供もおり、多種多様な構図になっていました。同じ題材でも、描く人の視点によって表現の仕方が違ったのです。

　教師の授業にも同じことが言えるのではないでしょうか。例えば体育の走り幅跳びの授業で、運動量という視点で考えるならば、子供が１回でも多く練習できるように計画するでしょう。しかし、美しいフォームという視点で考えるならば、上手な子供を観察する時間や、グループで跳び方を見せ合って、意見を出し合う時間を取るように計画するでしょう。

　常に自分の場所からでなく、別の視点からも授業を見ることができるようになれば、授業の幅は大きく広がっていくでしょう。

◆ 子供の視点に立った計画を

　授業を計画するときに、子供の視点に立つ時間をつくるようにします。例えば、課題の難易度、発問の言葉、板書の文字の大きさなどについて、１時間の授業を計画した後に「子供たちは本当にこの授業で理解でき

のか」という視点で見直すとよいでしょう。十分に教材研究をせずに授業に臨むと、教師主導の学習になり、子供たちにとっては分からない授業が展開されることが多くなってしまいます。「自分の学級の子供たちなら」という視点は、常に持っていたいものです。

　先日、算数で「平均」の学習を行ったとき、学年の教師同士のバスケットボールのフリースロー対決を素材としました。5年生の体育でバスケットボールに取り組むからです。体育に対して意欲的な子供は多く、相乗効果で算数の学習に対しても意欲が上がったようです。

　いざ体育でシュートの練習をしたときにも、「自分たちのチームの平均は……」と考えた子供がいました。算数は算数、体育は体育と分けて考えるのではなく、両方の視点から見て計画し、結び付けたからこその成果です。

　多くの視点を持つには、教師一人ではなかなか難しいこともあります。そんなときは目の数を増やして見ることです。つまり、同僚の先生方の視点を取り入れていくのです。

　同じ単元の授業でも、見る視点が違えば、単元の捉え方や授業の方向性が大きく変わってくるでしょう。自分の力だけで教材研究をすると偏ってしまう恐れもあります。1日の中でほんの数分でも、授業について同僚の先生方と話をする時間をつくるべきです。「なるほど」「そういう方法もあるのか」と思う瞬間がきっとあるはずです。

◆ 失敗した19歳のクリスマスプレゼント

　クリスマスの思い出で最初に浮かぶのは、19歳の時の話です。大学生になって初めてのクリスマスに私は大いに浮かれ、プレゼントを渡したい相手に、思い切って有名ブランドの靴を贈ることにしました。

　当日、彼女からは手編みのマフラーが贈られ、嬉しくて早速首に巻きました。さあ、いよいよ自分の番です。ところが、プレゼントを受け取った彼女の反応は想像と違っていました。「え？ここの靴って、めちゃくちゃ高くない？」。彼女は「すごく嬉しいんだけど、驚いちゃって……」と、申し訳なさそうになってしまったのです。

後日、その話をした友人は腹を抱えて笑いました。「そりゃお前、ブランドの名前聞いて引いちゃったんだろ。お前がいいと思っても、彼女にとっては重荷に感じたんだろ」と言い、「けどな……」と続けました。
　「それ、オレの彼女だったら喜んだよ。ブランド好きな子だから。むしろ、手編みのマフラーをもらったら、オレ引くな〜。手編みとか、重くね？」

◆ さまざまな子供の視点を持って

　教師はみな、プレゼントを渡すように「子供たちに最高の授業を贈りたい」と思っています。しかし、教師が最高と思っても、子供もそう思うわけではありません。
　初任の頃、道徳の「友情」をテーマにした授業で、最後に中学校の部活動の話をしました。レギュラー争いをした友人と、彼が大会後にくれた言葉という内容です。これを初任者指導の教師は、次のように評しました。
　「最後の説話は適当とは思えなかった。子供たちは４年生でしょう。レギュラー争いはピンとこないと思いました。実際、予想より子供の反応がないと思わなかった？」
　図星でした。自分としてはとっておきの話だったのに、反応は良くなかったのです。
　「授業をつくるのは教師だけど、自分の視点だけで判断してはだめ。あなたにとって１位の思い出が子供にも１位ではなく、あなたにとっては28位くらいの出来事が、もしかしたら子供にとって１位になるかもしれない」。
　プレゼントと同様、授業には自分だけでなく、相手がいることを忘れてはいけません。子供側の視点を持って授業を構想する必要があります。
　さらに、子供にも好みや教科ごとの得意・不得意があるため、より多くの視点が必要になります。一握りの「勉強が得意な子」や「挙手が積極的な子」のみの視点では、授業は一見よく進みますが、一部の子供だけのものになってしまいます。

「Ａさんは算数が苦手だが、サッカーに絡めた導入にすれば乗ってくれるに違いない。同じ班に算数が得意なＢさんもいるから、グループ活動で教えられるだろう。いや、女子はミニバスケットをやっている子が多いから、サッカーとミニバスケットのシュート競争という内容にして……」と、さまざまな子供の視点を想定して授業を練りましょう。

◆ 視点を多く持つヒントは「傍目八目」

　自分の授業では余裕がなくても、同僚の授業ならば「傍目八目」で、冷静に授業全体を見ることができます。自分の視点だけでなく、クラスのさまざまな子供の視点で見るとよいでしょう。

　授業後の研究会も勉強になります。以前、社会科の授業後の研究会で「Ｃさんの家は○○を家業にしているから、あの表現はふさわしくないのでは？」と、ベテランの先生が言っていました。なるほど「保護者の視点」で授業を見ると、見直すべき表現があるのです。

　また、他の研究会で「もっと分かりやすい教え方があったけど、今後のことを考えて、あえて本時の流れにしました」と言った授業者がいました。「成長の視点」を授業に取り入れ、あえてその方法をとったということでした。

　若いうちは、自分の視点のみで授業を見つめ、ブランド物を贈るような授業をするのは仕方のないことです。経験を重ね、少しずつ視点を増やしていけるとよいでしょう。

授業中の突然の質問にどう答える？

子供の疑問は学びのエネルギー

□突然の質問でも、まずは受け取ろう。
□授業をコントロールするという観点は忘れずに。
□子供自身に疑問を持たせることを大切にしよう。

◆「どんどん発表しよう」に責任を持つ

　教師はよく「授業では積極的に、どんどん発表しよう。教室は間違えるところだ」などと口にします。そう言った以上は責任を持たなければなりませんが、子供が「分かった！先生これは……」と言い出すと「おい、発言は手を挙げてからだろう！」と一喝してしまうことはないでしょうか。これでは、子供が「何だよ、ずいぶん勝手だな」と、へそを曲げるのも無理からぬことです。以降は発表をやめ、反応も悪くなってしまいます。だからといって、好き勝手な発言を許して、全く指導をしないでいると、さながら学級崩壊のようにもなりかねません。

　「反応が悪くて困る」と「好き勝手な発言で困る」。どちらも好ましい状態とは言えませんが、どちらの方が魅力的かと言えば、後者ではないでしょうか。子供が「先生、分かった！」と発言すること自体は、意欲的で好ましい状態だからです。この爆発的なパワーをつぶしてしまうのは、何とももったいないことです。「発言は手を挙げてからだ！」と一喝しては、他の子供にも影響が出ます。その先は、発言が減ってから「みんな、授業での発言が少ないなあ。間違ってもいいからどんどん発表しよう」と言う、「勝手」な事態になってしまいます。

◆まずは「受け取る」ことを心掛けて

　子供は授業で突然質問をしたり、挙手もしないで、思ったことを口にしたりすることがあります。中には、授業とは関係ないと思える質問も

あります。

　教師として思うことはあるでしょうが、基本的には寛容な精神で「受け取る」ことを心掛けてほしいのです。突然の質問には「答えるという姿勢を見せる」ことが肝心です。そうしないと、子供の反応がどんどん悪くなってしまいます。

　「挙手をしていない」とか「授業とは関係ない」とか、細かいところは目をつむって、まずは受け取ってください。そうすると「あんな質問でも大丈夫なのか」と敷居が下がり、子供は積極的な質問をしやすくなります。その結果、さまざまな質問が飛び交う、活発な授業が展開される土壌が出来上がっていきます。

　ただ、その上で「コントロール」という観点を持ってください。「好き勝手な発言で困る」というのも、やはり好ましい状態とは言えません。「挙手をしてから発言」などのルールは身に付けさせたいものです。

　だから、突然の質問には「なるほど！鋭い質問だ、素晴らしい！」と、まずはしっかり受け取ります。その後に「ただ、手を挙げて言ってくれたら、もっと素晴らしかったな！」と、笑顔で注意するくらいでよいでしょう。すると子供は意欲を失うことなく、今後も発言を繰り返してくれることでしょう。

◆ 仏の顔は2回まで

　「どんな質問も受け取る」と書きましたが、何事もバランスが大切です。「授業と関係がない質問」が出た場合は、注意が必要です。完全に関係ない「先生の好きな食べ物は何ですか？」などに対しては、「今、聞くことじゃないだろう」と指導するべきですが、中にはこの線引きが難しい質問もあります。

　例えば、歴史の授業で鎌倉幕府が誕生した話をしている時、「先生、鎌倉に行ったことはありますか？」などという質問がそれです。微妙な質問が来たら、まずは受け取る姿勢を見せるためにも、簡単に応じた方がよいでしょう。

「あるよ。教科書にも載っている由比ヶ浜を歩いたりもしたよ」と答えると、「浜辺ですか？ きれいでしたか？」と、質問をかぶせてくる場合があります。この２回目の質問がくせものです。興味を抱いていることもありますが、無駄話で授業を脱線させようとする可能性があるからです。応じるとさらに質問をしてきて、きりがなくなりかねません。

「鎌倉に興味あるんだ。じゃあ、休み時間にゆっくり話そう」などとして、本題に戻った方がよいでしょう。「仏の顔は２回まで」とし、以降は微妙な質問には応じないようにするべきです。授業の「コントロール」という観点を失わないようにしましょう。

◆ 算数で「なぜ」を引き出す

人は誰でも、何かに疑問を持つと、「調べてみよう」「やってみよう」といった行動に移したくなります。「なぜ」「どうして」という疑問や気付きが、学ぶ意欲と深く関係しているのです。一方的に与えられるのではなく、自ら学びつかみ取った知識や技能は、しっかりと頭に残るものです。授業でも、子供自身が疑問を抱くような導入段階での工夫が重要です。

５年生の小数のわり算の学習でのことです。筆算で計算をして余りを出す場合、「余りは、もとの小数点の位置にそろえて出す」という決まりがあります。子供自身が疑問を抱くように、導入段階で簡単な工夫をしました。

下記に示した問題は、2.5÷0.7の商を小数第一位まで求め、余りを出すというものです。

まず、割る数を整数化するために小数点の移動をして25÷7にします。そのまま計算すると、余りは「4」になり、子供は「4m」とか「4cm」とか予想します。

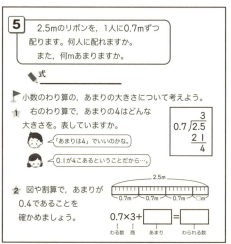

第3章　ちょっとの工夫で授業が楽しく！

そこで実物のテープを用意し、子供と一緒に確かめてみます。すると、テープの余りは「40cm」になります。「筆算で出した余りは『4』なのに、なぜ『40cm』になるんだ？」と、子供の頭に疑問が生じた瞬間です。

◆ 教師ができる工夫

上記の算数の事例に限らず、さまざまな教科で応用できる指導上の工夫を紹介します。

(1) 学習の流れを定型化する

学習の流れ	指導上の注意
子供と問題との出合い	興味を持たせる（実物、演技、話など）
子供に疑問が生じる	本時の課題を焦点化する
子供が予想に基づき解決する	予想を立て、主体的に解決させる

※ 授業の全てが定型化に適しているわけではないことに注意。

(2) 理解を促すものの活用

活用するもの	理解を促す上で期待される効果
実物 （紙テープなど）	◎子供のワクワク感が高まり、学習により集中する ◎教科書の記載と黒板上の活動が視覚的に一致する
役割演技	◎文章の読み取りが苦手な子供の場面理解を助ける
ブロックや磁石 （半具体物）	◎どんなものでも（半具体物で）表すことができる ◎問題場面の関係性・数量を図で示しやすい

◆ 子供の疑問から学びをつくる

子供に「将来も学び続ける力」を育むために、導入段階での工夫に加え、子供に「疑問を考える習慣」をつける試みを紹介します。

右の写真は、子供の理科のノートです。一つの実験や観察を終えるごとに、まとめの中に「新たな疑問」「やってみたいこと」を書かせるようにしています。こうすることで、徐々に「疑問を考える習慣」が育まれます。また、子供の疑問を教師が蓄積し、必要なタイミングで活用したり、普段は目立たない子供の考えを取り上げて活躍させたりすることもできます。

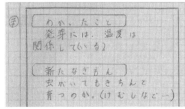

教科書通りに授業を進めたとしても、子供には「自分たちが学習を進めている」という感覚が残る方法です。

30 子供の可能性を値踏みしてない？

子供の良さを引き出す学級づくり

□「どうせできない」の決めつけは控えよう。
□友達の良いところを見つけた子供を積極的に褒めよう。
□お互いの良さを認め合える学級づくりをしよう。

◆「どうせできない」と思っていないか？

　4人の初任教員が着任しました。月に2回ほど、放課後の30分だけ、彼らと話し合いを続けました。忙しい仕事の中で、効率よく進めるために、その時々に応じて、予めテーマを出しておくようにしました。2学期のある時、「クラスの学力は、担任である先生から見てどう見えますか？」というテーマで話し合いました。

　2年担任のSさんは、「まっすぐ私の顔を見て、よく話を聞くことはできますが、自分から調べたりすることが苦手です。また、漢字を書くことはよくできますが、算数では問題をよく読むことができずに、文章題ができません。学力は高くありません」と。

　3年生のO先生は、「教室でやるワークテストではほとんどが90点以上とれるので、よくできる方だと思います。ただ、自分の考えを発表するのが苦手です」と。

　4年生のH先生は、「授業中、他の先生や保護者が見に来てくださったときは静かに授業ができますが、普段は落ち着きがありません」と。

　5年生のY先生は、「理解の遅い子もいますが、できる子供が出来ない子供にきちんと関わりながら教えてくれて、少しずつ理解が増えてきています」と。

　この4人の初任者は、失敗をしながらも一生懸命に学級をつくっています。ただ、子供たちの学力が低いとは感じていても、今後、どう指導していけばいいかが、まだ見えていないところもあります。

自分の学級の子供たちは学力が低い、と決めつけてしまう教師がいます。自治体によっては独自に学力テストを行っていたり、6年生になると全国学力学習状況調査があったりと、日頃行っているワークテストだけでなく、子供たちの学力を客観的に見る機会があります。これらの学力テストでは、都道府県全体と自分の学級の学力とを比較することができ、学力差を感じることがあるかもしれません。

　しかし、教師の仕事は今、向き合っている子供たちの学力をそこからどうやって高めていくか考えることです。「どうせできない子供だから」というふうに、勝手に子供の力を値踏みし、決めつけてしまってはならないのです。

◆ 友達の後押しで発表ができた

　算数で「平均」の学習をした際、自力解決をした後に、話し合い活動を入れました。その活動では、グラフを使った子供と表を使った子供に分かれて、それぞれどういう使い方（考え方）をしたのかを話し合いました。その後に学級全体で話し合いをしたのですが、Aさんが、「Bさんの考えですが……」と前置きして、次のように話し始めました。

> 　Aさんの説明だけでなく、その後にBさんの説明を聞いて、私もその考えを理解することができました。それは、「グラフの余白を数えて比べる」という意見でした。この時の問題は、教師同士がバスケットボールのフリースロー対決をして、どちらが勝ったのかを平均の考えを使って比べるというものでした。グラフに余白があるのですが、グラフは入ったシュートの数だけを示したものであり、本当はグラフに収まらないくらいシュートを打っているので、余白では比べることができません。残念ながらその考えは誤答でした。

授業づくり実践編

私はAさんもBさんも褒めました。なぜなら、Bさんは学級の中でも、特に算数が苦手な子供だったからです。そのBさんが、算数の学習で考えを発表することができたのです。教師の力だけでは、Bさんは発表に挑戦していなかったでしょう。Aさんの後押しのおかげで、友達の前で堂々と発表することができたのです。

　さらに言えば、今回の学習では誤答でしたが、外したシュート数に着目することは、「割合」などの学習においては大切になってきます。私は、その着眼点についても大いに褒めました。まさかBさんがそのようなところに目を向けて学習しているとは、担任として少しも思っていなかったのです。

　私の学級では、授業のまとめを子供たちがそれぞれ自分の力で書き、グループで紹介し合った後に、全体の場でまとめをするようにしています。四角形の内角の和を求める学習を行った際に、Cさんが「Dさんのまとめが素晴らしかったです」と言いました。Dさんは物静かで、ほとんど自分からは発表しない子供だったのですが、Cさんの推薦に応え、「四角形の角の大きさの和は、三角形に分けて考えると求めることができる」というまとめを発表することができたのです。もちろん私はDさんを褒めましたが、それと同じくらいに、Dさんのまとめを認めて後押ししたCさんを褒めました。

　この授業の後は、これに刺激を受けたのか、他の子供たちも間違いをおそれずに、発言することが増えていきました。一つの結果がクラス全体に波及していく機会となったのです。きっと、自分の発表に自信のなかった子供たちにとっての変わり目になったのです。

　学級のささやかな変化が授業を変え、子供の学ぶ意欲を高めることにつながっていきます。担任が褒めることは、確実に子供を変えていくのです。

◆ **良い学級づくりが子供たちを伸ばす！**

　子供たちを「どうせ勉強ができない」と決めつけている教師には、Bさんの気付きやDさんのまとめを見つけることはできないでしょう。ま

た、私自身も教師の力だけでそれぞれの子供の可能性をすべて把握できるとは思っていません。

　もしかしたら、教師よりも子供たちの方が、お互いの良さや可能性に気付いているのかもしれません。そうであるならば、お互いの良さを認め合い、良いものを素直に良いと言える学級をつくることが、子供たちの可能性を伸ばす一番の近道なのかもしれません。

31 子供が楽しく覚えられる工夫は？

記憶に残る授業のポイント

- □子供の名前や合言葉を使ってみよう。
- □振り返りに掲示物を活用しよう。
- □教師も子供と一緒に追究しよう。

◆ 友達の名前と共に覚える

　算数の授業をしていると、数通りの解法が出てくるときがあります。その時、「○○くん方式」といった具合に、解法に子供の名前を付けることがあります。自分の名前が使われた子供はもちろん、他の子供にとっても、鮮明にその考えを覚えることができます。次の学習で類題を解いた時に、「これは昨日の○○さんの考えを使えばいいよ」と発言した子供がいました。問題を解く方法が、友達の活躍と共にしっかりと定着していたのです。

　このように、ネーミングを使って授業を構成することも、楽しい授業をつくる上で重要な役割を持っています。算数の授業の始まる前から子供たちは、今日は誰が登場するのか楽しみにしています。授業の始めにワクワクした楽しさがあることは、子供が意欲的になるコツだと思います。

　学習の中に子供たちを登場させることで、単なる解き方の暗記ではなく、しっかりした思い出として、子供たちの記憶に定着させることができます。授業のポイントを示し、教師だけが話す授業ではできないことです。これは何年生でも使え、発達段階に応じてさまざまに変化させることができるものです。

◆ 学習の足跡を残そう

　特に子供たちに覚えてほしいことや、定着が難しい内容の学習では、

掲示物をつくって教室内に学習の足跡を残すようにしています。掲示物があると、子供がつまずいたときに、すぐに振り返ることができます。

写真は速さの学習をした時のものです。速さの公式だけでなく、単位変換の内容も必要だと感じたので、掲示物として用意しました。その時の子供の実態によって、掲示物の内容は変わってくるはずです。学習の中で子

供が理解していないと感じた時には、「1kmは、1000mだったね」という具合に掲示物を活用しました。

単元の復習をしている時、「ほら、あそこに書いてあるよ」という声が、子供たちから聞こえてきました。掲示物が効果的に作用したのです。ただし、いつも継続して張っておく必要はありません。時々、掲示物が破れかかっても、そのまま張り続けている学級を見ることがあります。「前時の内容をどうしても定着させたい」「今日はこれを見ながら学ばせることが理解を助ける」というのであれば、授業の導入の段階や、本時の内容を扱うところで少しずつ示すことも大事です。

学習環境が整っていれば、子供たちはその環境を有効に使い、学習の成果を高めていくことができるのだと実感しました。

◆ 数式は合言葉で

分数を小数に直すには「分子÷分母」のわり算の式にして計算しますが、「分母÷分子」によく間違いがちです。これを防ぐために、格闘技に例えて「左ローキック」という合言葉を使いました。分母に左からロー（低い）キックをすると、ちょうど「分子÷分母」の割り算の形になるからです。一部の男子にははまったようで、別の学習で分数を小

数に直す時、「先生、左ローキックだよね」という言葉が出てきました。子供にとっては、その合言葉が計算方法を覚える一助になったようです。

　単位量当たりの大きさの学習では、速さと時間と道のりの関係を覚えるために、たい焼きを活用して「み・は・じ→『身』と『はじ（しっぽ）』」「尾っぽは、割って食べるから『÷』」「恥は、恥ずかしいから『×』」としたこともありました。

　こうしたことは、算数以外にもきっとたくさんあるでしょう。一見くだらない「合言葉」にして覚えることで、子供たちの印象には残るようです。

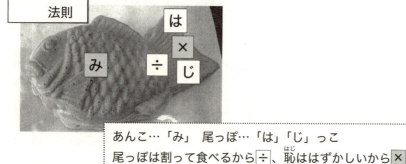

あんこ…「み」　尾っぽ…「は」「じ」っこ
尾っぽは割って食べるから÷、恥ははずかしいから×

　ただし、そもそも子供が解き方を覚えるだけの授業を展開することがよいわけではありません。1時間の学習の流れの中で、可能なら子供たちが思考し、表現する場面も設定するべきでしょう。しっかりと教材研究をし、何を覚えさせ、何を考えさせるのかを決めるのは、他ならない教師の仕事であり、子供たちの成長に関わってくるところです。

◆ 教師自身が「知る」ことは楽しいと思うこと

　子供は、興味を持つことには天才です。気になることがあると、何でも触ってみます。時にはなめてもみます。危ないことを避けようとするよりも、興味が先に来るのが子供です。

　小学生の頃に、化石や鉄道に興味を持ち、その持続した興味が仕事にまでつながっていく人たちもいます。私が知っている中でも、子供の時から、鉄道に興味を持ち、鉄道模型に凝り、毎月の時刻表を読んで地名を覚え、大人になって鉄道マンとして働く人がいました。でも残念ながら、今はそうした子供がいつの間にか少なくなってきたように思えます。

　教師である私たちは、子供たちにそんな大人として子供の前に立ちたい。教師として退職され、現在も元気に生活されている 70 歳の先輩がいます。この先生は、現在でも 50 歳過ぎから始めたフルートを習い、版画をされ、習字をされ、はたまたゴルフまでされています。誰にでも陽気に話をされます。きっと、現職の頃は素敵な先生だったはずです。

　教師自身が、楽しく毎日を生活することが、子供に楽しさで学ばせる力になるのだと思います。

32 学習のまとめはどうしてる？

実感のあるまとめで、次の学習へつなげる

- □ 知識のみを覚えさせるまとめから脱却しよう。
- □ 3ステップで実感を伴った理解をさせよう。
- □ まとめのノートづくりも工夫させよう。

◆ まとめを覚えることだけが目的ではない

「本時のまとめ……三角形の3つの角の大きさの和は180°です」。

5年生の算数で「三角形の角」を学習したときは、どのクラスでもこのようなまとめになるのではないでしょうか。算数の学習では、覚えるべき概念や性質、公式などがたくさんあります。知識として覚えるだけならば、授業時間45分を使わなくとも、その概念、性質、公式などを何回も音読させればよいのです。子供たちはおそらく、数分で覚えることができるでしょう。しかし、それでよいのでしょうか。いや、よいはずはありません。

◆ 実感の伴った理解のための3ステップ

学習のまとめをするときに一番大切なことは、「ただ知識として覚えさせるのではなく、実感の伴った理解につなげること」だと私は考えています。知識として言葉を覚えるのではなく、自分で考えたり、調べたり、確かめたりして体感し、実感が伴うように学習を進めなくてはいけません。では、どのようにしたら、子供たちは「3つの角の大きさの和は、どんな三角形でも本当に180°なんだな」と実感してくれるのでしょうか？　実感が伴うようにする手立てを3ステップで紹介します。

○ステップ❶「知る」

まずは、1つの三角形を取り上げて3つの角の大きさの和が180°になることを確認する方法を学ばなければなりません。分度器で測ったり、

合同な三角形を敷き詰めたり、3つの角の部分を寄せ集めたりして、三角形の3つの角の大きさの和が180°になることを確認します。

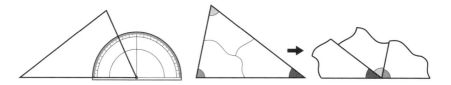

時折、これだけでまとめにしてしまう授業を目にすることがあります。しかし、この時点では1つの三角形についてしか調べていないので、どんな三角形でも成り立つのかはまだ分かりません。これでは、実感が伴っているとは言えないのです。

○ステップ❷「調べる」

実感が伴うためには、できるだけたくさんの証拠を集めることが大切です。つまり、帰納的に証明するのです。「みんなが調べた三角形は、3つの角の大きさの和が180°になったね。でも、それ以外の三角形でも、本当に180°になるのか調べてみよう」として、できるだけたくさんの三角形の内角の和が180°であることを証明する時間が必要です。

ステップ❶で学んだ三角形の内角の和が180°であることを証明する方法を使って、自分でつくったさまざまな三角形について調べる活動をするのがよいでしょう。数が多ければ多いほど、証拠がたくさん集まり、より実感の伴ったまとめになります。

○ステップ❸「共有する」

最後に、実感を伴うために一番大切なことは、共有することです。自分だけでは、それほどたくさんの三角形を調べることはできません。しかし、クラス全員が調べた三角形を集めれば、さまざまな大きさや形の三角形が証拠としてたくさん集まります。そうすることで、「どんな大きさや形の三角形でも、3つの角の大きさの和は本当に180°なんだ」と実感することができます。

◆ 次の学習の意欲につなげるために

　どんな学習にも、学習のまとめがあります。そのまとめを、ただの知識ではなく、実感の伴った理解につなげるための手立てが必要です。もちろん、今回紹介したような❶知る、❷調べる、❸共有する、というステップだけではありません。授業によっては「操作する」「発見する」「比べる」など、他にもさまざまなステップがあると思いますし、順番も多種多様にあると思います。

　大切なことは、どんな学習でも、子供たちが実感を持ってまとめを書けるようにすること。そのために最善のステップを最善の順番で行うことができるように、しっかりと授業の準備をすることです。そうすることで、子供たち自身も「学習してよかった」「勉強って楽しいな」という充実感や達成感を味わうことができ、次の学習意欲にもつながると考えています。

◆ 学習のまとめは本当に次の学習につながる？

　どんな授業をしても、子供たちに学んだことは何か、今どこを学んでいるかを考えさせる意味で、大事なポイントが「学習のまとめ」です。その際、子供たちが「ノートにまとめる」ということも考える必要があります。教科書にもノート指導の見本として「まとめ」が載せられています。

　ただし教師が板書したものをただ、ノートに書き写すだけのまとめでは、子供たちが納得した授業になったとは言えません。そこで次のように考えてみてください。

❶「○○日記」のように、○○には教科名を入れて日記風にする

　最初は「今日の勉強はおもしろかった」や「楽しかった」といった程度の感想で終わるかもしれません。でも、続けていくと「わたしは、△△の考えしか浮かばなかったのに、Bさんの考えは分かりやすくて、私も使ってみようと思った」と変わっていきます。そして、これを次の授業の導入の１〜２分で紹介していくと、子供が主体となった授業になる

きっかけづくりになります。

❷ 「まとめ」ノートコンクールを開く

ひと月に１回くらい、教室でコンクールを開いて、どんなノートのまとめがいいか投票を行います。「だれの、どんな工夫が、どうよかったのか」を考えさせます。ただし、決して問題あるものを指摘してはいけません。ここは良さを見せることで、友達の良さに触れさせながら変化することを望むのです。ノートのまとめは学びの財産として残り続けます。それは保護者にとっても、子供の学習の様子が分かる安心材料になります。

33 授業後の疑問や質問に応じてる？

子供の話を聴く機会を十分に持つ

□子供をいつでも受け入れる姿勢を示そう。
□どんなことでも言える学級の雰囲気をつくろう。
□毎日、授業後の反省をしよう。

◆ 教師の口癖「質問はありませんか？」

　子供たちは本来、授業中に多くの疑問が湧き、それを知りたいという気持ちになるものです。そして、質問するはずです。それは小さい子供を見れば明らかです。どんなことにも興味を持ち、知りたがり、矢継ぎ早に質問してきます。でも、学年が上がるにつれ、疑問や質問を口にすることが少なくなってくる傾向があります。

　また、子供たちは自分の頭の中で整理されていれば、いくらでも質問や発表ができるけれど、未整理のままでは発表する勇気が湧いてこなくなるものです。

　教師は言います。「何か質問はありませんか？」「疑問に思うことはありませんか？」「何でもいいですよ」……と。でも、子供にとっては、「質問・疑問はあるけれど、言葉では表現できない」状況もあることを、教師は理解しておかなければなりません。

　公開研究会や研修会の場で、司会進行の教師からの「何か質問や意見はありませんか？」という問い掛けに、会場が静まり返る場面に何度も居合わせたことがあります。みなさんにも思い当たることがあるのではないでしょうか。自分の考えがまとまらなければ、人前で発表することはとても難しいものです。そこには、話しにくいというプレッシャーと共に、どう話せばいいのかが分からないという思いがあるからです。

　人前で話すことが教師の仕事です。その私たち教師ですら、質問を躊躇するのですから、子供が難しいと思うのは当たり前のことです。

◆ 受け止める教師のゆとりを

　子供たちが勇気を出して質問できるようにするためには、教師がいつでも受け入れられる態勢をとっておくことが大事なのです。

　それにはまず、疑問を持ったこと、質問する内容が見つけられたことが、とても素晴らしいという受け止めをすることです。

　次に、じっくりとどんな疑問・質問でも聞いてやる時間を確保すること。子供は話しながら、自分の不確かなバラバラの考えを整合性のある考えへと進化させていくものです。それまでの準備こそが、実は本物の思考であり、学習なのです。答えを教えてもらい、疑問を解くということは単に覚える、あるいは記憶するだけでしかないのです。

　「学び方を学ぶ」とか、「問題解決的な学習」とよく言われますが、疑問を持ったり、質問したいと思ったりしたときこそ、そうした学びを実践できる機会なのです。

◆ 子供の声をじっくり聞く姿勢を

　子供の話を聞く機会をできるだけ多く持つには、授業と授業の合間の時間には、できるだけ子供のそばにいることです。忙しくても、時間の許す限り、休み時間や放課後、職員室にすぐ戻ることをしないで、子供の質問に答える時間を設けることです（子供と一緒の遊びのために、教室に残ることではありません。これはまた、別の時間をつくるべきことです）。

　子供たちが喜んで質問できる環境をつくりたいものです。真の学びの成立には、知的好奇心が不可欠な要素なのですから……。教師は「後でね」から、「なあに」と少しだけ余格のある姿勢を見せてあげればいいのです。

◆ 普段の学級づくりこそ

　授業研究や授業参観の折に、子供たちが授業の中で教師の発問に対して何も言わず、じっとしている場面に出くわすことがあります。そんな時、教師は「いつもと違うね」と言いながら、教師だけが緊張の中で話し続けていたりします。そんな様子を見ていると、その教師がかわいそ

うになることがあります。

　毎日の生活場面（授業も含めて）で、どんなことでも言える雰囲気と、必要なことを言える雰囲気をつくることが大切です。それが授業にきちんと生きることを知っておきたいものです。

◆ 授業後の反省をしていますか？

　授業の後に、子供たちからの疑問や質問に答える時間をとることと同時に、教師自身も自分の授業を振り返り、できるだけ客観的に見つめ直す時間をとることが大切です。

　そのときのポイントとしては、次のようなものが考えられます。

●自分の授業を振り返るポイント
① 授業の始まり（第一声）は子供を引き付けていたか。
② 素材や資料は適切だったか。
③ 教材について、教師は十分に理解していたか。
④ 時間配分はどうだったか。
　（教師が話すだけで終わっていないか。）
⑤ 板書は1時間を振り返れるようにまとまっていたか。
⑥ 子供は意欲的に活動していたか。
⑦ 評価に基づく指導はできたか。

　このように、自分なりにポイントを決めて反省すると、分かりやすくなります。また、板書をカメラで1枚撮影しておくだけでも、反省材料としては十分に価値あるものになります。授業実践の経験をただ積み重ねても意味がありません。その経験をしっかりと整理し、良い点も悪い点も次の実践につなげようとする流れの中にこそ、自分を成長させる新たな発見があるものです。

◆ 三人寄れば文殊の知恵

　自分の授業を自分だけで反省することは、独り善がりになる場合もあります。ポイントを絞って反省しても、改善が難しそうなとき、教師は授業の振り返りの過程で、「ここはそもそもおもしろくない単元だしな…」「今日は体育の後で子供が疲れていたから…」と、都合のよい言い訳で、自分を正当化してしまうことがあるものです。これでは、次の実践に生かせる新たな発見が見つかることは、まずありません。

　そんなときは、周りを見回してみることです。同じ学年内で話をするのもよいでしょう。ときには学年の枠も飛び越えて、いろいろな先生方に話をすることも、自分にとってプラスになるはずです。算数で困ったならば算数の得意な先生に、国語で困ったならば、国語の得意な先生にひと言尋ねてみることです。

　一人で考えるよりも、いろんな教師の声を聞くことは、きっと自分を今以上に成長させてくれるはずです。そして、自分の反省だけでなく、他の教師の反省を一緒にすることも、新たな発見につながるでしょう。その機会をつくるかつくらないかは、あなた次第です。

34 同僚の先生に授業を見てもらってる？

授業を見せ合って得られる財産

- □自分の授業を見てもらえる機会を活用しよう。
- □他の先生の授業も見てみよう。
- □参観した授業の良い点をまねしてみよう。

◆ こんな授業見せていいの？

　授業は、私たち教師にとって「自分自身」と言ってもいいでしょう。授業には日々の子供との関わりや教材研究の様子など、教師のさまざまな働き方が透けて見えてくるものです。ここでは、そんな授業を見てもらったり、見たりする良さについて考えてみましょう。

　作文を書いた時、自分ではなかなか良いものが書けたと思うことがあります。習字の時間に、これは良い出来だと書き終わることもあります。確かに、自分のものを「良い」と納得することは大事です。周りの人に意見を求めると、10人いれば10人の考え方の違いが表れ、ときにはそれに気分を害することもあります。

　「だから聞かない方がよかった…」という気持ちになるのですが、果たしてそれでいいのでしょうか？　批判的に見ることも自分の成長には必要だと考えることができますか？　ましてや、教師と児童との1対1ではない授業では、子供たちのさまざまな考えから、新たな考えが生まれることが、たくさんあります。

　教師10年目の私にもこんな経験があります。ある研究授業で、6年生の算数「比例」の授業をしました。100人もの先生たちが見学に押し寄せて、教室は足の踏み場もないほどです。机を黒板近くまで寄せて、私のいる場所がありません。流れは、第1時に「変われば変わるものをあげなさい」から始まって、第2時は「これを3つの仲間に分けよう」そして、研究日の第3時は、「その分けた3つは、どんな変わり方をし

ているか考えよう」の授業でした。

　私はこの日、「はじめます」「みんなで意見を言いましょう」「今日わかったことをまとめましょう」の３つの場面でしか、発問をしませんでした。終わった後の研究会で、ほかの先生方は誰一人、私の授業を評価してくれませんでした。

- 先生は何を教えたかったんですか？
- 子供をもっと高い次元に上げるのに、この３つの言葉だけでよかったんですか？
- 子供たちは一生懸命なのに、先生は何をしていたのですか？
- こんな授業を見せていいんですか？

などなど、涙が出るほど批判を受けました。私は、子供主役の授業をと願ってやった授業ですが、授業にはねらいがあるとの指摘を受けたのです。

◆ 授業は「自分を映す鏡」

　初任校においては、毎年のように同僚や講師の先生から授業を見てもらいます。その良さは、「自分の力量を知ること」や「課題に気付くこと」にあると思います。子供たちの力を伸ばすために、どのようなねらいで、どのような資料を使い、どのような発問や指示で授業を組み立てているのか。同僚や講師の先生に「診て」もらうのです。

　外国語活動の授業を例に挙げて考えてみましょう。当時の私は、自作のワークシート（右の写真）を使っていました。英単語のなぞ

り書きを取り入れたり、新たな英会話に振り仮名を振ったりと、子供たちが取り組みやすくなる工夫をしていました。

しかし、授業を見た講師の先生からは、それらの工夫が望ましくないとの指導をいただきました。理由は、振り仮名を読んでしまうと、ネイティブの発音を注意して聞かなくなってしまうというものです。

このように、授業を見てもらうことによって、新たな視点から自分の指導方法・技術を見つめ直すことができます。だから、授業を見てもらえる機会があれば、ぜひ進んで、同僚や講師の先生に授業を公開してほしいのです。

◆ 授業を見ることは、学び取ること

ある音楽専科の先生の授業を受けた子供たちは、いつも笑顔で教室に戻ってきます。みなさんがその様子を目にしたらきっと、「どんな授業をしているのだろう」と興味が湧いてくるに違いありません。

子供たちが笑顔になる授業の秘密とは何だったのでしょう。以下に、私がその先生に授業を見せてもらい学んだことを記します。

（1）子供たちを授業に集中させる

始業のあいさつの後、一人ずつ順番に手拍子をし、全員で途切れずにつなぐ活動がありました。この活動の素晴らしいところは2つあります。1つ目は、子供たちが音をよく聞くところです。2つ目は、手拍子という音を全員でつなぐ協同の気持ちが育まれるところです。

（2）子供たちに学習の見通しを持たせる

この日の学習内容は、「タルトの材料をリズムで表現しよう」というものでした。導入場面で、学習のめあてを板書することにより、子供たちは見通しを持って学習に取り組むことができます。こうした当たり前の指導をきちんと行うことが、どの教科でも大切なのだと改めて感じました。忙しい毎日を送っていると、つい、めあても示さないで授業をすることがあります。終わったときに楽しく授業は行ったのだが、子供が

この時間に何を学んだかがはっきりしない授業だったということがあるのです。

（3）子供たちを個々に見つめ、関わっている

　先生が子供たち一人ひとりのもとに歩み寄り、会話をしながら活動状況を見極めていました。そして、「明るい表現でいいですね」「面白いリズムだね」など、それぞれの良さをすかさず褒めていました。先生に言葉掛けをしてもらった子供には、どことなく自信が見えます。周りの子供たちも自分もと、きちんと授業に集中しています。個々を大切にする姿勢が基本にあり、それが全体への温かな言葉掛けにつながっていると知りました。

◆ 参観した授業を自分のものに

　上記のように、授業を見せてもらうことで、子供たちが笑顔になる授業の秘密を指導方法・技術として学ぶことができました。みなさんも同僚の先生方の指導に関心を持ち、気になったら迷わず参観をお願いしましょう。「百聞は一見にしかず」です。

　授業を見たり、見てもらったりすることで、私たちはお互いに授業の質を高め合っています。良い指導方法・技術を学んだら、まねをすることで自分のものにしていくのです。その財産をいつか後輩へと伝え、より多くの子供たちに質の高い授業を提供していきたいものです。

子供たちのガス抜きをしてる？

子供の集中をつくり出す授業の構成を

□子供が集中できる授業をめざそう。
□授業の途中にリフレッシュの時間を設けよう。
□子供の興味を引く教材を集めてみよう。

◆ ガス抜きって

「今日の話、よく分からなかった……」とか、「今日の○○さんの話は、午後の眠い中だったのに、眠気が吹っ飛ぶような話だった」など、講演会の終わった後にはそんな会話がよく聞かれます。

講演会に限った話ではありません。研究授業の後の講師の話でも同じです。楽しい話だけが続いたから面白いというわけでは決してありません。少なくとも、教師である私たちにとっては、明日からの授業に生きる話であったかどうかです。うまい話には、ふっと力を抜いて聞ける場面が必ず入るものです。それが、「ガス抜き」です。

小学校の授業で１単位時間 45 分を、机に座っているだけの学習は子供にとって苦痛です。体育のように体を動かすことがたくさんあるのはいいのですが、それでも体育で、一つのことだけを繰り返す運動をしていたら、子供は「できない」と投げ出してしまいます。授業に関係する、しないにかかわらず、ほんのちょっとでも背伸びしたり、笑いが生まれたりする場面が、授業に集中させることになるのです。楽しさは分かることへつながります。

その"ガス抜き"を考えることも大事な授業をつくることになるのです。

◆ 教師が目指すべき授業とは？

では、子供たちにとって楽しい授業とはどんな授業でしょう。それは、集中力が続き、「なるほど」と思うことが多い授業です。教師である私

たちにとっては、教材研究として、授業の流れや確実に伝えたい知識、子供たちに考えさせたいことを確認することが大切なのは言うまでもありません。それに加えて、子供たちにガス抜きをさせる場面も考えてみてください。

「先生の授業、楽しいよ」。子供たちにこんなふうに言われたことがあります。褒められるとうれしいのは、子供も大人も同じです。子供たちにどんなところが楽しいかと尋ねてみました。そうすると、社会科の教科書にない知識の話や、授業から少し脱線した話があるからだという答えが返ってきました。

忙しい中でも、子供が興味を引く題材を求めて、いろいろなところに足を運び、写真を撮り、名物を用意して授業に望む先生がいます。例えば、次のような実践です。

> ○ 6年生の社会科で「参勤交代」の写真を大きく拡大して子供に見せる。「行列の中に何が見える？」と掲示して驚かせる。
> ○ 奈良の大仏を新聞紙や校庭に書くことで、その大きさに驚かせる。
> ○ 5年生の水産業で、実際にマグロの頭を買ってきて子供に見せる。
> ○ 6年生の算数の速さ比べでは、教室におもちゃのミニカーを持ち込んで、みんなで競争する。

このミニカーの競争では、教師はわざと子供よりも前の方からスタートさせていました。すると子供たちの何人かから「先生、ずるい」という声が上がり、「そう、何かずるした？」と、みんなに問うことで「ずるい」の大合唱になり、「どうやったら速さを比べられるのか」を子供と考えることができていました。

授業では学級のどの子も土俵に乗せることが必要なのです。それができれば授業は成立したと言えます。そのために、この「ずるさ」を折に触れて意図的に使いながら授業をつくっていくと、子供たちの活動が深まることがあります。

◆ 楽しい時間はあっという間

　みなさんは学校で集中して仕事に取り組んでいるでしょうか。もちろん、大人の皆さんは「はい」と答えるでしょう。しかし、正直に言うと私は、仕事の内容によって時間の感じ方が異なります。例えば、教材研究をしたり、テストの採点をしたりするときは時間があっという間に過ぎていきます。子供たちがどんな考えを出すか予想したり、テストの珍解答に笑ったり、そういった時間が楽しいからこそ時間が速く過ぎていくのです。逆に、気分が乗らない仕事のときは、なかなか時間は過ぎていきません。楽しい時間というのは、自然と夢中になっていて、あっという間に時間が過ぎるのです。

　では、子供たちに置き換えて考えてみましょう。授業中の子供たちの様子を思い浮かべてください。教師が話をしていると、おしゃべりなどで授業に集中できていない子供たちはいないでしょうか。そういった子供たちにとって、その時間は集中力が切れてしまっているのです。相手は小学生です。先生の話を聞いたり、ノートを取ったりするだけの授業では集中力が切れてしまうものです。では、どうやったら、集中力の切れかけている子供たちの気持ちを授業に引き戻すことができるでしょうか？

　時には座ったままの授業から、突然、「全員立ちましょう」と言ってみます。そして「黒板に書いてある文章を読んだ人から座りましょう」。あるいは「隣とジャンケンして勝った方から意見を言いましょう」でもいいのです。子供がサッと授業に集中する方策が時として必要です。私がよく使った方策では、「机を片づけて前に集まりましょう」と言って、小黒板での話し合いや子供の説明を聞くといった活動を取り入れていました。

◆ リフレッシュの時間で集中力を高める

　1時間の授業の中では、教師の説明や、子供たちが自分なりの思考をしたり、友達と意見交換をしたりと、たくさんの活動があります。そのすべてに集中して取り組むことは、小学生にとって難しいものです。

　そこで、教師が意図的にリフレッシュの時間を設けることができれば、子供たちは集中して授業に参加できるのではないでしょうか。リフレッシュといっても、自由におしゃべりをしたり、教室の外に出たりすることではありません。

　では、どんなことがよいのでしょうか。その答えが「先生の授業、楽しいよ」という言葉から見えてきます。これまで、私が話をしてきたことを挙げてみます。

　○教科書にはない予備知識を伝える。
　○教師が実際に経験したことを話す。
　○何気ないジョークを取り入れて話をする。

　こういった話をして「へぇ〜、なるほど」と思ったり、笑ったりすることで、張りつめた気分を一度、解放します。その後、もう一度スイッチを入れ、授業に取り組みます。そうすることで、子供たちの授業への集中力はさらに高まり、授業が楽しい時間になるのです。

　「授業中、どこで子供たちにガス抜きをさせるか」を考えておくことができれば、子供たちをより深く授業に引き込むことができるはずです。

「お楽しみ会」
～子供たちと担任との心の交流の場～

　学期末や学年末が近づくと、あちこちの学級から楽しげな声が響いてきます。「お楽しみ会」です。「学級レク」と呼ぶこともあります。クイズ大会、ものまね大会、ダンス大会、ゲーム大会（1つの椅子に何人が乗れるかゲーム、着ている洋服をつないで長さ比べ競争など）、スポーツ大会、料理を楽しむ会などいろいろなものが開かれます。

　その他にも、他の学級や学年に「挑戦状」を送って、リレーや長縄やドッジボールで一緒に競って楽しむなど、さまざまな活動が行われます。他の学級との競争になると、参加している子供たちに負けず、担任も必死になっている姿を見かけることもあって、何ともほほ笑ましいものです。

　低学年では、担任が「お楽しみ会」を提案してやることが多いのですが、それを繰り返していくと、子供たちが計画から準備まで自主的にできるようになります。

　中学年や高学年では、子供たちに企画から当日の運営まで全部任せます。子供は遊ぶことは大好きですから、いつでもやりたがります。勉強することより遊ぶ方が楽しいに決まっているからです。

　ある時、5年生の担任のN先生のところに、子供たちが「ハロウィン・パーティ」をやりたいと言ってきました。何度か子供たちと話しているうちに、その理由は最近、班の活動がうまくいかなくなってきたので、みんなで仲良くなるためだということが分かりました。N先生は、学級がそのパーティをきっかけに、「みんなが生き生きするならやろう」と承諾しました。

　また、6年生の担任のM先生も、子供たちから「お楽しみ会をしたい」と提案が出たときは、必ず「なぜ、するのか」と目的をきちんと聞くことが大切と言っていました。

　お楽しみ会をきちんとやっている学級は、学習に取り組むときも意欲的です。教師と子供そして子供同士の関係が良好で、授業がきちんと成立している学級だからこそ、お楽しみ会も盛り上がるのです。

　豊かな授業をつくるためにも、お楽しみ会は子供たちと担任との心の交流の機会をさらに高めてくれます。

「授業づくり」に役立つチェックシート

　めあてを持って授業に臨むと、きっと確かな成果が表れます。そのための方策を示したのがこのチェックシートです。全部でなくてもよいのです。少しずつ、実行してみてください。

教材研究

☐	教科書を十分に読みこなした。
☐	指導書を読み、理解した。
☐	使用している以外の教科書にも目を通した。
☐	大事な点はノートにまとめた。
☐	単元を通して身に付けさせたい力を考えた。
☐	週案をつくった。
☐	１単位時間の指導案をつくった。

授業準備

☐	導入で子供の意欲を喚起する教材を用意した。
☐	身近な素材を教材として活用した。
☐	実験に使う用具の点検をした。
☐	教室内の掲示物など、環境を整えた。
☐	授業のねらいをはっきりさせた。
☐	クラスの子供の実態をよく考えた。
☐	発問の吟味をした。

授業実践

☐	授業の開始と終了の時間を守った。
☐	授業の始めと終わりの挨拶をしっかり行った。
☐	子供の疑問や質問に十分に答えた。
☐	教育機器を有効に使った。
☐	子供の活動を中心にし、できるだけ少なく話す努力をした。
☐	子供に考える時間を十分に与えた。
☐	「分かりましたか？」を連発しないようにした。
☐	一問一答の授業をしないようにした。
☐	グループ活動を取り入れた。
☐	個別指導も行った。
☐	表情にも気を配って授業をした。
☐	意図的な指名を行うよう、工夫した。
☐	適切な宿題を出した。

板書・ノート指導

☐	板書計画を立てた。
☐	子供の発言を適切に板書に取り上げた。
☐	誤字・脱字、筆順に注意して板書した。
☐	子供がノートを取りやすいように、板書のスピードやタイミングを考えた。
☐	授業の流れが分かるように、板書を工夫した。

☐	チョークの色を使い分けたり、囲みを付けたりして大事な点を強調した。
☐	教室の後ろの席からでも見えるように、文字の大きさに気を付けた。
☐	机間指導は効果的に行った。
☐	子供のノートを十分に見て回った。

指導技術

☐	豊かな表情で臨んだ。
☐	授業の第一声を考えた。
☐	声の大きさを調節して、工夫した。
☐	子供が楽しく覚えられるよう、工夫した。
☐	正しい言葉遣いをした。
☐	子供の目を見てきちんと話した。
☐	意見を言いやすい雰囲気をつくった。

子供理解

☐	授業を抜け出す子供に適切に対応した。
☐	授業を邪魔する子供に適切に対応した。
☐	子供のつぶやきをうまく拾った。
☐	子供を褒め、励ましながら授業をした。
☐	やる気がなく見える子供を頭ごなしに叱らず、原因の理解に努めた。
☐	前時までの子供の理解度を把握した。

☐	子供が好きなキャラクターやよく見る番組を把握している。
☐	朝食を食べてきていない児童がいるか把握している。
☐	「昨日と同じ服の子供がいる」などに気付いている。

子供の活動の評価

☐	分かりやすいノートをつくっていた。
☐	子供同士の支援や援助ができていた。
☐	どの子供も集中して授業に取り組んでいた。
☐	どの子供も自分なりに考え、自分の言葉で表現できていた。
☐	他の子供の良さに触れていた。

教師の振り返りの授業評価

☐	多様な学習形態を工夫した。
☐	学習のまとめができた。
☐	授業記録を残した。
☐	上司や同僚に授業を見てもらって、意見を聞いた。

放課後

☐	必要な個人指導ができた。
☐	きょうの授業についてメモし、記録を残した。
☐	授業を見てもらった同僚・上司の先生から感想をもらった。

地域・保護者との連携

☐	家庭へのお知らせや学級だよりなど、情報伝達の工夫をした。
☐	特別な準備（三角定規、エプロンなど）について、余裕をもって依頼した。
☐	子供の様子を、機会を設けて伝えている。
☐	子供が宿題に何にどう取り組んでいるか、保護者に伝えている。

監修者紹介

河原田　友之（かわらだ　ともゆき）東京教育研究所　主任研究員

1952年、福島県生まれ。大学卒業後、千葉県の公立小学校で37年間勤務。その間、千葉県東葛飾教育事務所、鎌ヶ谷市教育委員会の指導主事及び指導課長・学務課長として10年間勤務。現職時代は、自主的サークル「算数・数学同好会」で学ぶ。管理職時代は若手教師を中心に教材研究や授業の在り方を学ぶ「算数を語る会」を組織。退職後、東京教育研究所の主任研究員として勤務。モットーは「誰にでも最初がある」。若い教師を育てることを信条としている。

※本書は東京教育研究所の報告書『若い教師のための授業改善ヒント集』（小学校編　第1集〜第5集　2014年〜2018年）および月刊『教員養成セミナー』（2017年9月号〜2018年9月号　時事通信社）の連載「学級経営のキホンのキ」をもとに加筆・編集したものです。

わかば先生サポートBOOKS
新任教師の授業づくり35のヒケツ

2019年2月27日　初版発行	監修者	河原田　友之（東京教育研究所　主任研究員）
	発行者	松永　努
	発行所	株式会社時事通信出版局
	発　売	株式会社時事通信社
		〒104-8178　東京都中央区銀座5-15-8
		電話 03(5565)2155　http://book.jiji.com

装丁／大﨑　奏矢　　DTP・イラスト制作／熊アート
印刷・製本／株式会社太平印刷社
ⓒ 2019 KAWARADA,tomoyuki
ISBN978-4-7887-1605-6 Printed in Japan
落丁・乱丁はお取り替えいたします。定価はカバーに表示してあります。
★本書のご感想をお寄せください。宛先は mbook@book.jiji.com

時事通信社の本

 わかば先生 サポートBOOKS

＊教師が一日中ジャージ？
＊キレる子供にどうしたらいい？

学級担任として好スタートを切ろう！
先輩教師の成功と失敗に学べ!!

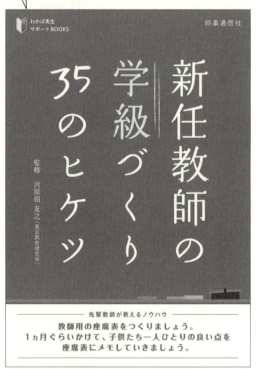

●監修／河原田 友之（東京教育研究所）
●A5判 160頁 ●定価：本体1,800円＋税